RÉPUBLIQUE FRANÇAISE

LIBERTÉ, ÉGALITÉ, FRATERNITÉ

CONSEIL MUNICIPAL DE PARIS

CENTENAIRE

DE

LA NAISSANCE DE MICHELET

COMPTE RENDU OFFICIEL DES FÊTES

PARIS

IMPRIMERIE NATIONALE

M DCCC XCIX

CENTENAIRE

DE

LA NAISSANCE DE MICHELET

FÊTES

DES 13 ET 24 JUILLET 1898

J. Michelet

Cher monsieur,
La date du portrait, si je ne me trompe,
est de 1858. Mon mari avait donc soixante ans.
Il venait d'écrire La renaissance, La réforme.
A. Michelet

RÉPUBLIQUE FRANÇAISE

LIBERTÉ, ÉGALITÉ, FRATERNITÉ

CONSEIL MUNICIPAL DE PARIS

CENTENAIRE

DE

LA NAISSANCE DE MICHELET

COMPTE RENDU OFFICIEL DES FÊTES

PARIS

IMPRIMERIE NATIONALE

M DCCC XCIX

BUREAU

DU

CONSEIL MUNICIPAL DE PARIS

(EN FONCTION AU MOIS DE JUILLET 1898).

———

PRÉSIDENT :

M. NAVARRE.

VICE-PRÉSIDENTS :

MM. Adolphe CHÉRIOUX.
LAMPUÉ.

SECRÉTAIRES :

MM. L. ACHILLE.
Adrien VEBER.
Ernest MOREAU.

SYNDIC :

M. Léopold BELLAN.

ADMINISTRATION DE LA VILLE DE PARIS

ET

DU DÉPARTEMENT DE LA SEINE.

—————

Préfet de la Seine : M. DE SELVES.

Secrétaire général de la Préfecture de la Seine : M. Bruman.

Préfet de police : M. Charles BLANC.

Secrétaire général de la Préfecture de police : M. Laurent.

SERVICES ADMINISTRATIFS.

Directeur des Finances : M. Fichet.
- — de l'Enseignement primaire : M. Bedorez.
- — de l'Assistance publique : M. Napias.
- — de l'Octroi : M. Delcamp.
- — du Mont-de-Piété : M. Duval.
- — des Affaires municipales : M. Menant.
- — des Affaires départementales : M. Le Roux.
- — des Travaux : M. Defrance.
- — des Services d'architecture : M. Bouvard.

A.

SERVICES TECHNIQUES.

Service des Eaux : M. Humblot, inspecteur général des Ponts et Chaussées.

— de la Voie publique : M. Boreux, ingénieur en chef des Ponts et Chaussées.

— des Égouts : M. Bechman, ingénieur en chef des Ponts et Chaussées.

SECRÉTARIAT DES CONSEILS MUNICIPAL ET GÉNÉRAL.

Chef de Service : M. F.-X. Paoletti.

PRÉFACE.

QUELQUES MOTS SUR LA VIE DE MICHELET.

Jules Michelet est enfant de Paris; c'est dans le chœur d'une ancienne chapelle de religieuses (qu'on peut encore voir à présent[1] rue Saint-Denis) qu'il vint au monde le 21 août 1798 et qu'il passa sa prime jeunesse. Le chœur de l'ex-chapelle avait été transformé en imprimerie par son père, et voici en quels termes, dans son beau livre Le Peuple, *Michelet a tracé l'histoire de sa pauvre enfance :*

Le père de mon père, qui était maître de musique à Laon, ramassa sa petite épargne après la Terreur et vint à Paris. . . . . Il mit le tout dans une imprimerie au hasard de la Révolution.

Je naquis en 1798 dans le chœur d'une église de religieuses, occupée alors par notre imprimerie. . . . .

Cette imprimerie prospéra d'abord, alimentée par les débats de nos assemblées, par les nouvelles des armées, par l'ardente vie de ce temps. Vers 1800, elle fut frappée par la grande suppression des journaux. . . . .

[1] Ce bâtiment est enclavé dans la maison n° 228, rue Saint-Denis, à l'angle de la rue de Tracy.

En 1812 la ruine de la pauvre petite imprimerie était consommée. . . . .
Nous n'avions plus d'ouvriers, nous fîmes le travail nous-mêmes. . . . . Ma
mère, malade, se fit brocheuse, coupa, plia. Moi, enfant, je composai. Mon
grand-père, très faible et vieux, se mit au dur ouvrage de la presse et il
imprima de ses mains tremblantes. . . . .

Et dans Nos fils, *il dit encore :*

J'ai vu, enfant, le temps le plus mort, le plus vide qui fût jamais, temps
de destruction qui promena la mort sur l'Europe. . . . . Au foyer, faim et
froid. Sur la tête, un dôme de plomb. Voilà mon souvenir d'enfance. . . . .

Ces pénibles débuts firent de Michelet un inlassable travail-
leur, un homme aimant avec passion le peuple et les humbles.
Comme l'a dit Émile Faguet[1], il y a d'abord dans Michelet
l'homme de travail, l'infatigable curieux de choses si diverses,
le déchiffreur patient de manuscrits et d'archives, l'homme le
plus informé, le plus érudit de notre siècle et même le plus
fécond, le plus intarissable, toujours répandu en mille écritures,
les yeux sur le livre, la plume sur le papier, la pensée partout,
courant ensemble, d'une ardeur toujours plus vive. . . . . .
Mais ce grand laborieux ne laissa pas les veilles tarir la pure
source de sa sensibilité ni la science dessécher son cœur. Il ne
devint pas un dédaigneux savant, planant fort au-dessus des
misères du vulgaire, ni un artiste si follement épris des magies

[1] Notices littéraires sur les auteurs français

de la forme, que, du haut de sa tour d'ivoire, il n'entend plus les rumeurs de la foule, ni les plaintes que font monter les injustices des puissants. La chaude affection dont ses parents l'entourèrent toujours laissa au cœur de Michelet une inépuisable provision de bonté. Cet amour du peuple, qu'il eut toute sa vie, il le devait aussi à la besogne manuelle de sa laborieuse enfance, et nous croyons qu'il voyait juste quand il disait à Quinet, son grand ami :

Ce que j'ai de meilleur, sans nul doute, je le dois à ces épreuves; le peu que vaut l'homme et l'historien, il faut le leur rapporter.....

L'enfant reçut ses premières leçons de latin d'un voisin, vieux libraire et ancien magister de province, qui lui prêta quelques livres que Michelet lisait à la dérobée. Cette ébauche d'études littéraires lui donna le goût des lettres, et ses parents, auxquels on proposait de faire un bon ouvrier du jeune apprenti typographe en le plaçant à l'Imprimerie impériale, préférèrent employer leurs dernières ressources à payer, au collège Charlemagne, la pension de ce fils unique qu'ils adoraient et dont ils appréciaient la vive intelligence.

Michelet, pauvre et de mine chétive, — né comme une herbe sans soleil, entre deux pavés de Paris — eut à souffrir, au début, de ses condisciples qui raillaient sa timidité et se moquaient de ses vêtements inélégants. Mais à Charlemagne il trouva, en Villemain, en Guizot, en Victor Leclerc, des maîtres bienveillants, dont l'affection lui facilita, après la Révolution de 1830, l'accession du haut enseignement et qui restèrent ses amis.

Reçu agrégé de l'Université à la suite d'un brillant concours en 1821, il obtint une chaire d'histoire au collège Sainte-Barbe; puis, en 1827, il fut nommé maître de conférences à l'École normale supérieure.

La Révolution de 1830 porta ses maîtres au pouvoir et lui valut la place de chef de la section historique aux Archives; puis, en 1834, Guizot lui confia la suppléance de son cours d'histoire à la Faculté des lettres; il fit ce cours deux années. Peut-être l'influence de Guizot, qui possédait à un haut degré le sens de l'histoire, mais dont la grande intelligence restait toujours tendue, raide, gourmée et comme figée, a-t-elle tenu en bride la verve de Michelet, car ce n'est qu'à partir de 1837, quand il succéda à Daunou dans la chaire de morale et d'histoire du Collège de France, que sa prestigieuse influence sur la jeunesse se fit sentir et le mit hors de pair.

Il faut entendre les hommes de cette génération conter l'enthousiasme des étudiants et des autres auditeurs de ces cours pour se faire une idée du succès qu'obtint Michelet dans cette chaire, dont il fit une retentissante tribune, ouverte aux idées démocratiques et à l'apologie des géants de la Révolution.

Ses adversaires ont amèrement reproché à Michelet d'avoir transformé la chaire de morale et d'histoire du Collège de France en une tribune politique, d'où le professeur attaquait, avec une fougue juvénile, les envahissements des cléricaux et les menées des congrégations. Ce n'est pas aux républicains qu'il convient de s'associer à ces récriminations. D'ailleurs, après 1848, ses ennemis, en faisant cesser son cours, lui fermèrent la bouche.

A l'École normale, Michelet fut un professeur dans la plus haute acception du mot, un éducateur, un ami de ses élèves, un semeur de nobles idées.

Il plaçait ses auditeurs non pas sur les gradins, éloignés de lui, mais groupés familièrement près de sa table ou autour de la cheminée à laquelle il aimait s'adosser pour causer avec eux. Il leur parlait comme aux fils de son intelligence, comme aux enfants de son cœur[1].

Michelet recommandait avant toute chose, à cette jeunesse d'élite, de ne pas s'isoler du peuple, d'aimer les humbles, de n'avoir pas peur de parler aux malheureux, de « desserrer les dents et aussi le cœur ». C'est une sympathie cordiale et agissante

---

[1] Voici ce qu'il dit de ses élèves dans la préface de son livre *Le Peuple* :

« J'étais touché, attristé souvent aussi de les voir se succéder devant moi si rapidement. A peine m'attachais-je que déjà ils s'éloignaient. Les voilà tous dispersés, et plusieurs — si jeunes! — sont morts. Peu m'ont oublié; pour moi, vivants ou morts, je ne les oublierai jamais..... » (*Le Peuple*, p. XXXII.)

qu'il leur prêchait, et non cette affection de pure rhétorique qui se borne aux discours.

Ces jeunes gens, — disait-il en parlant des étudiants — tels que je les vois dans nos écoles, devant ma chaire, ont de meilleures tendances. Toujours ils ont accueilli d'un grand cœur toute parole en faveur du peuple. Qu'ils fassent plus, qu'ils lui tendent la main !

. . . . . Le mal est dans le cœur, que le remède soit aussi dans le cœur . . . . . Il faut que le cœur s'ouvre, et les bras.

Et il terminait par ces paroles que les étudiants de tous les temps, mais surtout ceux de nos jours, ne sauraient trop méditer en songeant au peuple :

Eh ! ce sont vos frères, après tout. L'avez-vous oublié ? . . . .

Ces jeunes hommes, il les mettait encore en garde contre les dangers de la rêverie et de l'inaction, contre l'alanguissement de la vie spéculative ; il les incitait à agir :

L'action ! L'action ! c'est le salut. En trois siècles elle a transfiguré le monde et l'homme. . . . . L'enfant sera un saint, le saint de l'action, un héros, le héros de la volonté généreuse . . . . .

L'ŒUVRE DE MICHELET.

Michelet, jugeant son œuvre historique, l'a ainsi définie :

Que ce soit ma part dans l'avenir d'avoir, non pas atteint, mais marqué le but de l'histoire, de l'avoir nommée d'un nom que personne n'avait dit. Thierry l'appelait narration et M. Guizot analyse. Je l'ai nommée résurrection, *et ce nom lui restera.*

Depuis 1827, année où parut son Précis d'histoire moderne, jusqu'à sa mort, en 1874, il n'a cessé de travailler pour donner à la France son histoire. Il eut la joie suprême d'achever cet immense labeur.

Les dix-sept volumes de son Histoire de France, les sept volumes de sa Révolution française, les trois volumes de son Histoire du XIXe siècle, évoquent véritablement l'âme de la Patrie et forment un des plus nobles monuments qui aient été élevés à la gloire et au génie de la nation française.

Il a fait passer l'âme même de la France dans ses récits inspirés, où il s'attache moins à rendre la minutie des faits précis qu'à retracer les luttes, les misères, les aspirations, les souffrances et les héroïsmes de ces masses populaires qui ont, au travers des siècles, lentement dégagé le peuple de l'oppression et qui, en 1789, firent la Révolution.

Il sait faire surgir sous les yeux du lecteur, animée et

vivante, l'image des héros qui ont fait la vieille et la nouvelle France, qui l'aimèrent jusqu'au sacrifice de leur vie, et il donne leur part dans la formation de la nation aux efforts du peuple, aux obscurs dévouements anonymes des paysans et des artisans.

Dans la notice sur l'œuvre de Michelet que fit paraître en 1898 l'Imprimerie nationale sous le titre Hommage national à Michelet, et dont le Ministère de l'Instruction publique dota toutes les écoles primaires, ont été réunis quelques fragments de cette œuvre, fragments que nous croyons devoir reproduire, le but de cette préface au compte rendu des fêtes du Centenaire de Michelet étant, comme celui de la publication du Ministre, de faire connaître et aimer l'œuvre de ce glorieux enfant de Paris.

JEANNE D'ARC.

Michelet, le premier, a raconté à la France et au monde la vraie histoire de Jeanne d'Arc; comment, grâce à la passion de cette sainte du patriotisme, inspirée par «la pitié qu'il y avait au royaume de France», la France écrasée, égorgée, dépecée par l'étranger, reprit vie et reprit foi en elle-même. On ne peut lire sans pleurer le récit que nous a laissé Michelet de la mort de Jeanne d'Arc, condamnée à être brûlée vive comme magicienne et hérétique par un tribunal ecclésiastique, parce qu'elle avait vaincu les Anglais.

Quelles furent ses pensées lorsqu'elle vit qu'il fallait vraiment mourir, lorsque, montée sur la charrette, elle s'en allait à travers une foule tremblante, sous la garde de huit cents Anglais armés de lances et d'épées? Elle pleurait et se lamentait, n'accusant toutefois ni son roi, ni ses saintes..... Il ne lui échappait qu'un mot : «O Rouen, Rouen! dois-je donc mourir ici?»

L'effroyable cérémonie commença par un sermon. Maître Nicolas Midy, une des lumières de l'Université de Paris, prêcha sur ce texte édifiant: «Quand un membre de l'Église est malade, toute l'Église est malade. » Cette pauvre Église ne pouvait se guérir qu'en se coupant un membre. Il concluait par la formule : « Jeanne, allez en paix, l'Église ne peut plus te défendre. »

Délaissée ainsi de l'Église, elle se remit en toute confiance à Dieu. Elle demanda la croix. Un Anglais lui passa une croix de bois qu'il fit d'un bâton ; elle ne la reçut pas moins dévotement, elle la baisa et la mit, cette rude croix, sous ses vêtements et sur sa chair..... Mais elle aurait voulu la croix de l'Église, pour la tenir devant ses yeux jusqu'à la mort. Le bon huissier Massieu et frère Isambart firent tant, qu'on la lui apporta de la paroisse Saint-Sauveur. Comme elle embrassait cette croix et qu'Isambart l'encourageait, les Anglais commencèrent à trouver tout cela bien long ; il devait être au moins midi ; les soldats grondaient, les capitaines disaient : « Comment, prêtre, nous ferez-vous dîner ici?.... » Alors perdant patience et n'attendant pas l'ordre du bailli, qui, seul pourtant, avait autorité pour l'envoyer à la mort, ils firent monter deux sergents pour la tirer des mains des prêtres. Au pied du tribunal, elle fut saisie par les hommes d'armes qui la traînèrent au bourreau, lui disant : « Fais ton office..... »

Cette furie de soldats fit horreur ; plusieurs des assistants, des juges même, s'enfuirent pour n'en pas voir davantage.

Quand elle se trouva en bas dans la place, entre ces Anglais qui portaient les mains sur elle, la nature pâtit et la chair se troubla ; elle cria de nouveau : « O Rouen, tu seras donc ma dernière demeure !..... » Elle n'en dit pas plus, et ne pécha pas par ses lèvres, dans ce moment même d'effroi et de tumulte.....

Elle n'accusa ni son roi, ni ses saintes. Mais, parvenue au haut du bûcher, voyant cette grande ville, cette foule immobile et silencieuse, elle ne put s'empêcher de dire : « Ah! Rouen, Rouen, j'ai grand'peur que tu n'aies à souffrir de ma mort ! » Celle qui avait sauvé le peuple et que le peuple abandonnait, n'exprima en mourant (admirable douceur d'âme !) que de la compassion pour lui.

Elle fut liée sous l'écriteau infâme, mitrée d'une mitre où se lisait : « Hérétique, relapse, apostate, idolastre ».... Et alors le bourreau mit le feu..... Elle le vit d'en haut et poussa un cri..... Puis, comme le frère qui l'exhortait ne faisait pas attention à la flamme, elle eut peur pour lui, s'oubliant elle-même, et le fit descendre.

Cependant la flamme montait..... Au moment où elle la toucha, la malheureuse frémit et demanda de l'eau *bénite*; de l'eau, c'était apparemment le cri de la frayeur..... Mais se relevant aussitôt, elle ne nomma plus que Dieu, que ses anges, et ses saintes. Elle leur rendit témoignage : « *Oui, mes voix étaient de Dieu, mes voix ne m'ont pas trompée!....* »

Vingt ans après, deux vénérables religieux, simples moines, voués à la pauvreté et n'ayant rien à gagner ni à craindre en ce monde, déposent ce qu'on vient de lire : « *Nous l'entendions,* disent-ils, *dans le feu invoquer ses saintes, son archange; elle répétait le nom du Sauveur..... Enfin,* laissant tomber sa tête, elle poussa un grand cri : « *Jésus!* »

« *Dix mille hommes pleuraient.....* » Quelques Anglais seuls riaient ou tâchaient de rire. Un d'eux, des plus furieux, avait juré de mettre un fagot au bûcher; elle expirait au moment où il le mit, il se trouva mal; ses camarades le menèrent à une taverne pour le faire boire et reprendre ses esprits; mais il ne pouvait se remettre : « *J'ai vu,* disait-il hors de lui-même, *j'ai vu de sa bouche, avec le dernier soupir, s'envoler une colombe.* » D'autres avaient lu dans les flammes le mot qu'elle répétait : « *Jésus!* » Le bourreau alla le soir trouver frère Isambart; il était tout épouvanté; il se confessa, mais il ne pouvait croire que Dieu lui pardonnât jamais..... Un secrétaire du roi d'Angleterre disait tout haut en revenant : « *Nous sommes perdus, nous avons brûlé une sainte!* »

Cette parole, échappée à un ennemi, n'en est pas moins grave. Elle restera. L'avenir n'y contredira point. Oui, selon la religion, selon la patrie, Jeanne d'Arc fut une sainte.

Quelle légende plus belle que cette incontestable histoire? Mais il faut se garder bien d'en faire une légende; on doit en conserver pieusement tous les traits, même les plus humains, en respecter la réalité touchante et terrible.....

La Vierge secourable des batailles que les chevaliers appelaient, attendaient d'en haut, elle fut ici-bas..... Eh! en qui? c'est la merveille. Dans ce qu'on méprisait, dans ce qui semblait le plus humble, dans une enfant, dans la simple fille des campagnes, du pauvre peuple de France..... Car désormais il y eut un peuple, il y eut une France.

LES FÉDÉRATIONS DE 1790.

Après avoir fait revivre la France du moyen âge et celle de l'ancien régime, Michelet a raconté dans sa Révolution française le tragique, douloureux et glorieux enfantement de la France du xixe siècle. Il s'est attaché à montrer quel admirable élan de désintéressement, de fraternité, de patriotisme anima la masse de la nation aux premières années de la Révolution. Au moment où la ruine des institutions de l'ancien régime déchaînait en France l'anarchie, des associations spontanées se formèrent sur tout le territoire, sous le nom de fédérations, pour maintenir l'ordre et attester la volonté de tous les citoyens de vivre désormais unis comme des frères, sans distinction de classes ni de cultes.

Les fédérations de novembre brisent les États provinciaux, celles de janvier finissent la lutte des Parlements, celles de février compriment les désordres et les pillages; en mars, avril, s'organisent les masses qui étouffent en mai et juin les premières étincelles d'une guerre de religion. Mai, encore, voit les fédérations militaires, le soldat redevenant citoyen, l'épée de la contre-révolution, sa dernière arme, brisée..... Que reste-t-il? La fraternité a aplani tout obstacle, toutes les fédérations vont se confédérer entre elles, l'union tend à l'unité. Plus de fédérations, elles sont inutiles, il n'en faut plus qu'une : la France. —— Elle apparaît transfigurée dans la lumière de juillet.

La plupart des fédérations ont elles-mêmes conté leur histoire. Elles l'écrivaient à leur mère, l'Assemblée nationale, fidèlement, naïvement, dans une forme bien souvent grossière, enfantine.

Rien d'officiel, ni de commandé. Visiblement, le cœur parle. Ce qui me toucha, me pénétra d'attendrissement et d'admiration, lorsqu'au bout de soixante ans j'ouvris ces papiers, c'est que dans une telle variété d'hommes, de caractères, de localités, avec tant d'éléments divers qui, la plupart, étaient hier étrangers les uns aux autres, souvent même hostiles, il n'y a rien qui ne respire le pur amour de l'unité.

Les procès-verbaux des communes rurales sont autant de fleurs sauvages qui semblent avoir poussé du sein des moissons. On y respire les fortes et vivifiantes odeurs de la campagne, à ce beau moment de fécondité. On s'y promène parmi les blés mûrs.

Personne ne pouvait manquer à la fête; personne n'était simple témoin; tous étaient acteurs, depuis le centenaire jusqu'au nouveau-né.

Je ne crois pas qu'à aucune époque le cœur de l'homme ait été plus large, plus vaste; que les distinctions de classes, de fortunes et de partis aient été plus oubliées. Dans les villages surtout, il n'y a plus ni riche ni pauvre, ni noble ni roturier; les vivres sont en commun, les tables communes.

Nous avons vu les unions se former, les groupes se rallier entre eux, et, ralliés, chercher une centralisation commune; chacune des petites Frances a tendu vers son Paris, l'a cherché d'abord près de soi. Une grande partie de la France crut un moment le trouver à Lyon (30 mai).

Mais ce n'était pas Lyon qui pouvait marier la France. Il fallait Paris. Il fallait que le maire, la commune de Paris, poussés, forcés par l'exemple et les prières des autres villes, vinssent demander à l'Assemblée une fédération générale. Il fallait que l'Assemblée, bon gré, mal gré, l'accordât. L'hospitalité fut immense, admirable; sur toute la route, on arrêtait, on se disputait les pèlerins de la grande fête; on les forçait de faire halte, de loger, de manger, tout au moins de boire au passage. Point d'étranger, point d'inconnu, tous parents.

Le Champ de Mars fut désigné pour le champ de la Fédération.

Parfaitement plan alors, on voulait lui donner la belle et grandiose forme qu'il garde encore.

Toute la population s'y mit. Ce fut un étonnant spectacle.

Ce travail, véritablement immense, qui d'une plaine fit une vallée entre deux collines, fut accompli (qui le croirait?) en une semaine! Commencé précisément au 7 juillet, il finit avant le 14.

Le voilà enfin, le beau jour tant désiré, pour lequel ces braves gens ont fait le pénible voyage. Tout est prêt. Pendant la nuit même, de crainte de manquer la fête, beaucoup, peuple ou garde nationale, ont bivouaqué au Champ de Mars. Le jour vient; hélas! il pleut! Tout le jour, à chaque instant, de lourdes averses, des rafales d'eau et de vent! N'importe! Cent soixante mille personnes furent assises sur les tertres du Champ de Mars, cent cinquante mille étaient debout; dans le champ même devaient manœuvrer environ cinquante mille hommes.

Au milieu s'élevait l'autel de la Patrie; devant l'École militaire, les gradins où devait s'asseoir le roi, l'Assemblée.

Les premiers qui arrivèrent, pour faire bon cœur contre la pluie et dépit au mauvais temps, se mirent bravement à danser.

La Bretagne danse avec la Bourgogne, la Flandre avec les Pyrénées. Voilà l'unité!

Mais silence! le roi arrive, il est assis, et l'Assemblée, et la reine dans une tribune qui plane sur tout le reste.

Douze cents musiciens jouent, à peine entendus; mais un silence se fait : quarante pièces de canon font trembler la terre. A cet éclat de la foudre, tous se lèvent, tous portent la main vers le ciel..... O roi! ô peuple! attendez..... Le ciel écoute, le soleil tout exprès perce les nuages..... Prenez garde à vos serments!

LES VOLONTAIRES DE 1792.

Ces fédérations de 1790 préparaient le mouvement qui arma six cent mille volontaires pour défendre la patrie lorsque l'Europe coalisée prétendit dicter à la France ses volontés.

Détournez les yeux de Paris, et contemplez, je vous prie, si votre regard peut l'embrasser, l'immense, l'inconcevable grandeur du moment. Six cent mille volontaires inscrits veulent marcher à la frontière. Il ne manque que des fusils, des souliers, du pain. Les cadres sont tout préparés; les fédérations pacifiques de 1790 sont les bataillons frémissants de 1792.

Ces innombrables volontaires ont gardé tous un caractère de l'époque vraiment unique qui les enfanta à la gloire. Et maintenant, où qu'ils soient, dans la mort ou dans la vie, morts immortels, savants illustres, vieux et glorieux soldats, ils restent tous marqués d'un signe qui les met à part dans l'histoire. Ce signe, cette formule, ce mot qui fit trembler toute la terre, n'est autre que leur simple nom : Volontaires de 92.

Leurs maîtres, qui les instruisirent et disciplinèrent leur enthousiasme, qui *marchèrent devant eux comme une colonne de feu, c'étaient les sous-officiers ou soldats de l'ancienne armée, que la Révolution venait de jeter en avant.*

C'était le jeune, l'héroïque, le sublime Hoche, qui devait vivre si peu, celui que personne ne put voir sans l'adorer. — C'était la pureté même, cette noble figure virginale et guerrière, Marceau, pleuré de l'ennemi. — C'était l'ouragan des batailles, le colérique Kléber, qui, sous cet aspect terrible, eut le cœur humain et bon, qui, dans ses notes secrètes, plaint la nuit les campagnes vendéennes qu'il lui faut ravager le jour. — C'était l'homme de sacrifice qui pour lui voulut toujours le devoir, et la gloire jamais, qui la donna souvent aux autres, et même aux dépens de sa vie, un juste, un héros, un saint, l'irréprochable Desaix.

LA MARSEILLAISE.

Par-dessus l'élan de la guerre, sa fureur et sa violence, planait toujours la grande pensée, vraiment sainte, de la Révolution, l'affranchissement du monde.

En récompense, il fut donné à la grande âme de la France, en son moment désintéressé et sacré, de trouver un chant qui, répété de proche en proche, a gagné toute la terre. Cela est divin et rare d'ajouter un chant éternel à la voix des nations.

Si ce n'était qu'un chant de guerre, elles ne l'auraient pas toutes adopté. La Marseillaise est un chant de fraternité; ce sont des bataillons de frères qui, pour la sainte défense du foyer, de la patrie, vont ensemble d'un même cœur. C'est un chant qui, dans la guerre, conserve un esprit de paix. Qui ne connaît la strophe sainte : « Épargnez ces tristes victimes! » Ce chant fut trouvé à Strasbourg, à deux pas de l'ennemi. Il ne lui fallut pas deux mois pour pénétrer toute la France. Marseille répondit au Rhin. C'est avec ce chant que nos jeunes soldats novices gravirent le coteau de Jemmapes, franchirent les redoutes autrichiennes, frappèrent les vieilles bandes hongroises, endurcies aux guerres des Turcs. Le fer ni le feu n'y pouvaient; il fallut, pour briser leur courage, le chant de la liberté.

VALMY.

*L'armée improvisée de la France, commandée par Dumouriez et Kellermann, se rencontre
à Valmy, dans l'Argonne, le 20 septembre 1792, avec l'armée prussienne, armée solide,
expérimentée, commandée par le duc de Brunswick, un tacticien formé à l'école de Frédéric II.
Les Allemands n'avaient pu empêcher la jonction de Dumouriez et de Kellermann.*

Celui-ci, vieux soudard alsacien de la guerre de Sept ans, fort jaloux de
Dumouriez, n'avait nullement suivi ses directions. Il s'était un peu éloigné
de lui. Dans la vallée qui séparait les deux camps, le français et le prussien, il
s'était posté en avant sur une espèce de promontoire, de mamelon avancé, où
était le moulin de Valmy. Bonne position pour le combat, détestable pour la
retraite..... Un beau lieu pour vaincre ou mourir..... Quoique Kellermann
se fût placé autrement qu'il n'avait dit, Dumouriez mit un zèle extrême à
le soutenir. Toute petite passion, toute rivalité disparaissait dans une si
grande circonstance..... Le cœur avait grandi chez tous; ils furent au-
dessus d'eux-mêmes. Dumouriez fut magnanime, désintéressé, héroïque; il
travailla pour le salut de la France et la gloire de son collègue..... Et
Kellermann ne fut point le brave et médiocre général qu'il a été toute sa vie.
Il fut un héros, ce jour-là, et à la hauteur du peuple.....

Les Prussiens crurent avoir pris Dumouriez, lui avoir coupé le chemin. Ils
s'imaginèrent que cette armée de vagabonds, de tailleurs, de savetiers, comme
disaient les émigrés, avait hâte d'aller se cacher dans Châlons, dans Reims. Ils
furent un peu étonnés quand ils les virent audacieusement postés à ce moulin
de Valmy. Ils supposèrent du moins que ces gens-là, qui, la plupart, n'avaient
jamais entendu le canon, s'étonneraient au concert nouveau de soixante bouches
à feu. Soixante leur répondirent, et tout le jour, cette armée, composée en partie
de gardes nationales, supporta une épreuve plus rude qu'aucun combat : l'im-
mobilité sous le feu. On tirait dans le brouillard au matin, et plus tard dans
la fumée. La distance, néanmoins, était petite. On tirait dans une masse peu
importait de tirer juste.

Celle masse vivante, d'une armée toute jeune, émue de son premier combat, d'une armée ardente et française, qui brûlait d'aller en avant, tenue là sous les boulets, les recevant par milliers sans savoir si les siens portaient, elle subissait, celle armée, la plus grande épreuve peut-être. Un combat d'attaque ou d'assaut aurait moins honoré la France.

Un moment, les obus des Prussiens, mieux dirigés, jetèrent de la confusion. Ils tombèrent sur deux caissons qui éclatèrent, tuèrent, blessèrent beaucoup de monde. Les conducteurs de chariots s'écartant à la hâte de l'explosion, quelques bataillons semblaient commencer à se troubler. Le malheur voulut encore qu'à ce moment un boulet vînt tuer le cheval de Kellermann et le jeter par terre. Il en remonta un autre avec beaucoup de sang-froid, et raffermit les lignes flottantes.

Il était temps.

Les Prussiens, laissant la cavalerie en bataille pour soutenir l'infanterie, formaient celle-ci en trois colonnes, qui marchaient vers le plateau de Valmy (vers onze heures). Kellermann voit ce mouvement, forme aussi trois colonnes en face, et fait dire sur toute la ligne : « Ne pas tirer, mais attendre, et les recevoir à la baïonnette. »

Il y eut un moment de silence. La fumée se dissipait. Les Prussiens avaient descendu, ils franchissaient l'espace intermédiaire avec la gravité d'une vieille armée de Frédéric, et ils allaient monter aux Français.

Brunswick dirigea sa lorgnette et il vit un spectacle surprenant, extraordinaire. A l'exemple de Kellermann, tous les Français ayant leurs chapeaux à la pointe des sabres, des épées, des baïonnettes, avaient poussé un grand cri..... Ce cri de trente mille hommes remplissait toute la vallée : c'était comme un cri de joie, mais étonnamment prolongé; il ne dura guère moins d'un quart d'heure; fini, il recommençait toujours avec plus de force; la terre en tremblait..... C'était : « Vive la Nation! »

Les Prussiens montaient, fermes et sombres. Mais tout ferme que fût chaque homme, les lignes flottaient, elles formaient par moments des vides, puis elles les remplissaient. C'est que, de gauche, elles recevaient une pluie de fer, qui leur venait de Dumouriez.

Brunswick arrêta ce massacre inutile, et fit sonner le rappel.

Le spirituel et savant général avait très bien reconnu, dans l'armée qu'il avait en face, un phénomène qui ne s'était guère vu depuis les guerres de religion : une armée de fanatiques, et, s'il l'eût fallu, de martyrs. Il répéta au roi de Prusse ce qu'il avait toujours soutenu, contrairement aux émigrés, que l'affaire était difficile, et qu'avec les belles chances que la Prusse avait en ce moment pour s'étendre dans le Nord, il était absolument inutile et imprudent de se compromettre avec ces gens-ci.

Le roi était extrêmement mécontent, mortifié. Vers 4 ou 5 heures, il se lassa de cette éternelle canonnade qui n'avait guère de résultat que d'aguerrir l'ennemi. Il ne consulta pas Brunswick, mais dit qu'on battît la charge.

Lui-même, dit-on, approcha avec son état-major pour reconnaître de plus près ces furieux, ces sauvages. Il poussa sa courageuse et docile infanterie sous le feu de la mitraille, vers le plateau de Valmy. Et en avançant, il reconnut la ferme attitude de ceux qui l'attendaient là-haut.

Ils s'étaient déjà habitués au tonnerre qu'ils entendaient depuis tant d'heures, et ils commençaient à s'en rire.

Une sécurité visible régnait dans leurs lignes. Sur toute cette jeune armée planait quelque chose, comme une lueur héroïque, où le roi ne comprit rien (sinon le retour en Prusse).

Cette lueur était la Foi.

Et cette joyeuse armée, qui d'en haut le regardait, c'était déjà l'armée de la RÉPUBLIQUE.

Fondée le 20 septembre, à Valmy, par la Victoire, elle fut, le 21, décrétée à Paris, au sein de la Convention.

LA TOMBE DE MICHELET.

Michelet eut la douleur de voir la guerre de 1870, l'invasion et le démembrement de la France; il protesta contre cet attentat à l'unité de la patrie dans une éloquente brochure : La France devant l'Europe. Son cœur, blessé deux fois, par le traité de Francfort et par les dissensions civiles de 1871, ne put guérir. Notre grand historien national mourut à Hyères, le 9 février 1874, plein d'œuvres et de gloire. Les événements politiques qui avaient bouleversé la France de 1848 à 1852 l'avaient arraché à son enseignement. Forcé au silence comme professeur, il put donner un plus libre cours à son activité littéraire, et à ses livres d'histoire vinrent s'ajouter des livres charmants d'histoire naturelle, de psychologie morale, de pédagogie, où l'on reconnaît à côté de sa main celle de la femme admirable qui avait uni sa vie à la sienne : l'Oiseau, l'Insecte, la Mer, la Femme, Mon Fils, la Bible de l'Humanité, etc. Il s'éteignit avec la légitime fierté d'une vie noble et utile.

« Dieu me donne, — disait-il dans son testament, — de revoir les miens et ceux que j'ai aimés! Qu'il reçoive mon âme reconnaissante de tant de bien, de tant d'années laborieuses, de tant d'œuvres, de tant d'amitiés! »

LA TOMBE DE MICHELET

(PAR MERCIÉ)

LA TOMBE DE MICHELET

(1re SÉRIE)

A JULES MICHELET
SOUSCRIPTION INTERNATIONALE
L'HISTOIRE
EST UNE RÉSURRECTION
QUE DIEU REÇOIVE MON AME
RECONNAISSANTE
DE TANT DE BIEN
DE TANT D'ANNÉES LABORIEUSES
DE TANT D'AMITIÉS
1798   1874

Sur une page isolée, retrouvée dans ses papiers, il avait exprimé le vœu de reposer à Paris son dernier repos. Bien qu'il aimât d'un même amour toutes les provinces de France, dont il a si bien décrit, au second volume de son Histoire, l'originalité variée et harmonieuse, il aimait ce Paris, le résumé et le cœur de la France entière :

« Paris, — disait-il, — a été tout pour moi. J'y suis né, j'y ai vécu; j'y ferai ce long séjour bien autrement long que la vie. Mes émotions, toutes mes traditions s'y rattachent, — mon avenir. Tous les souvenirs solennels de ma vie ont eu pour témoins tel ou tel lieu de cette grande ville. Mon enfance s'est passée dans le centre humide et sombre, ma jeunesse dans ses faubourgs. Pendant dix ans, j'ai erré, rêvé sur les routes du Père-Lachaise. Je suis né à Paris, j'y ai vécu, j'y serai enterré s'il plaît à Dieu. »

Ce vœu a été exaucé. Le 18 mai 1875, une foule immense conduisait la dépouille de Michelet au Père-Lachaise. Toute la jeunesse des Écoles avait tenu à figurer dans ce cortège, en tête duquel marchaient les représentants de l'Institut et des lettres de France; les facultés de province, l'Italie, la Roumanie avaient envoyé des délégués.

Le 14 juillet 1882, un monument, chef-d'œuvre du sculpteur Mercié, était inauguré sur le terrain acquis par la veuve de l'historien.

Le Gouvernement de la République, par la voix éloquente de Jules Ferry, rendit hommage à Michelet, éducateur des âmes.

Plus de soixante-dix villes avaient pris part à la souscription nationale pour les frais du monument. Le gouvernement roumain et beaucoup d'étrangers avaient tenu à honneur de s'y associer.

195

République Française.

La Ville de Paris célébrera le 13 Juillet 1898

le Centenaire de Michelet.

La Municipalité vous prie de lui faire l'honneur

d'assister à la Cérémonie Commémorative qui aura lieu

sur la Place de l'Hôtel-de-Ville, le 13 Juillet à 2 heures

CÉLÉBRATION

DU

CENTENAIRE DE MICHELET.

La France est reconnaissante envers ceux qui lui ont donné leur cœur et consacré leur vie.

Le centenaire du grand historien a été célébré par la France tout entière. Dans les écoles des moindres hameaux, dans les plus petites villes de province, cette fête solennelle donna lieu à de touchantes cérémonies. Il était donné à Paris de faire plus : Michelet y reçut du Gouvernement un hommage national.

L'initiative de cette célébration appartient cependant au Conseil municipal de Paris.

Dans sa séance du 3 décembre 1897, M. Faillet, conseiller du quartier de l'Hôpital-Saint-Louis, fit renvoyer au Bureau ainsi qu'à la Commission de l'Enseignement et des Beaux-Arts une proposition qu'il développait en ces termes :

M. FAILLET. Messieurs, je vous prie de vouloir bien m'accorder toute votre attention au sujet de la proposition dont je vais vous donner lecture.

J'espère, je dirai même, je suis convaincu d'avoir votre approbation unanime. Je n'entends pas celle de ce côté droit, cela va sans dire.

A cette heure, où après vingt-sept années de crédit fait par le peuple aux dirigeants, ceux-ci persistent à s'éloigner des traditions de la Révolution française, en se complaisant en faiblesses à l'égard des ennemis de la République; où ces ennemis de la République précipitent, par tous les moyens, l'œuvre de la démoralisation du prolétariat; où les scandales de toutes sortes et les défaillances, s'ajoutant aux croissantes misères, poussent ce prolétariat au scepticisme qui permet aux aventuriers de songer aux attentats; à cette heure, il nous apparaît nécessaire et salutaire de saluer ici, à l'Hôtel de Ville, dans une solennité grandiose, la mémoire des hommes illustres qui, au milieu des apostasies et des coups d'État, ont vécu, travaillé, souffert dans l'intransigeance hautaine de leurs convictions et qui ont exalté la vertu du peuple, l'amour de la patrie, la grandeur de la Révolution, inspiré la haine du cléricalisme.

L'un de ces plus illustres, l'un de ceux qui ont répandu sur ce siècle le plus d'éclat, fut Michelet. Ce grand historien prononçait en 1847 ces paroles que la démocratie devrait avoir toujours en mémoire :

« Par-devant l'Europe, la France n'aura jamais qu'un seul nom, inexpiable, qui est son vrai nom éternel : la Révolution..... »

Michelet est né en 1798; il y aura donc cent ans l'année prochaine.

J'ai l'honneur de vous proposer la célébration du centenaire de cet enfant du peuple de Paris, qu'il aima si passionnément.

A cette célébration seraient conviées : une délégation de l'Université de Paris et des corps savants, une délégation des Chambres syndicales ouvrières, car il disait du peuple :

« Nul ne l'aimera plus que moi; j'y ai placé tout mon foyer et mis tout mon cœur. »

Je demande le renvoi de ma proposition à la 4ᵉ Commission et au Bureau du Conseil municipal.

« Signé : Faillet, Berthaud, Levraud, Blachette, Paul Viguier, Blondel, Adrien Veber, Chausse, Charles Gras, Landrin, André Lefèvre, Patenne, Berthelot, Alfred Moreau, Henri Rousselle. »

La proposition de M. Faillet fut renvoyée au Bureau et à la 4° Commission du Conseil municipal qui est chargée de l'Enseignement et des Beaux-Arts.

Le Bureau du Conseil municipal, après avoir étudié, de concert avec les membres de la Commission, la proposition de M. Faillet et de ses collègues, organisa pour le 13 juillet 1898 une fête populaire à l'Hôtel de Ville.

Une jeune ouvrière, personnifiant la Muse de Paris, devait y couronner le buste de Michelet.

Le soir, les Maires des principales villes de France se réuniraient à l'Hôtel de Ville, où, en souvenir des anciennes fédérations, la Municipalité leur offrirait un dîner.

Enfin, pour associer le monde littéraire et celui du haut enseignement, ainsi que la jeunesse des écoles, à la célébration du centenaire du grand historien national, la Municipalité se proposait de recevoir, dans les salons de l'Hôtel de Ville, les professeurs, les délégués des écoles et des établissements scientifiques et de leur offrir un concert et un bal.

M. L. Bellan, syndic, fut chargé, d'accord avec M. Bouvard, directeur des Services d'architecture, d'organiser ces fêtes populaires et la soirée à l'Hôtel de Ville.

Cette idée de la célébration du centenaire de Michelet fut si chaleureusement applaudie, non seulement des Parisiens, mais de tous les républicains français, que le Gouvernement décida que la fête de cet enfant de Paris, qui fut l'aède inspiré des grands événements de notre histoire et le chantre de la Révolution, serait une fête nationale.

Le Ministre de l'Instruction publique et des Beaux-Arts, M. A. Rambaud, décida que la mémoire de Michelet serait célébrée par le maître dans chaque école primaire et que la Nation lui rendrait un hommage national solennel au Panthéon.

Les Préfets de tous les départements transmirent à MM. les Recteurs d'académie les instructions suivantes, qui marquent la portée et la signification que le Gouvernement de la République attribuait à cet hommage rendu précisément à la veille de la Fête nationale commémorant la prise de la Bastille.

Paris, le 16 juin 1898.

L'année 1898 marque le premier centenaire de la naissance de Michelet.

Michelet n'a pas été seulement un grand écrivain et un grand historien. Il a vécu de la vie de cette France dont il a retracé les destinées; il a partagé tour à tour toutes les tristesses, toutes les joies, toutes les espérances des générations qui se sont succédé sur notre sol; il a aimé la patrie dans ses revers et dans ses épreuves, comme dans ses gloires et dans ses triomphes. Ce sentiment d'ardente et pieuse affection assure l'immortalité de son œuvre.

Mais surtout Michelet a été un grand citoyen. En toute circonstance, il a sacrifié l'intérêt au devoir; il a enseigné, par ses actes et par ses écrits, le respect du droit et de la loi. Nul enfin n'a mieux compris, n'a mieux aimé l'enfance, la jeunesse, le peuple.

Le Gouvernement désire que la veille de la Fête nationale soit consacrée à célébrer cette noble mémoire. Il a déposé au Parlement un projet de loi demandant les crédits nécessaires à l'organisation d'une cérémonie au Panthéon. En présence des représentants des pouvoirs publics et des grands corps de l'État, défileraient devant le buste de Michelet les étudiants de l'Université de Paris, les élèves des grandes écoles et des établissements d'enseignement public, les enfants des écoles primaires.

La France entière doit être associée aux honneurs rendus à Michelet, et c'est surtout à cet effet que j'ai cru nécessaire de vous adresser ces instructions.

Le Gouvernement, s'inspirant des sentiments de l'homme dont le souvenir sera ainsi glorifié, entend que cette fête soit celle de la jeunesse et de l'enfance. Je compte sur votre concours actif, Monsieur le Recteur, pour réaliser ces intentions.

Dans les Universités, dans les lycées, dans les collèges, on consacrerait la matinée du 13 juillet à des conférences où l'on rappellerait aux générations nouvelles ce que fut Michelet, quels titres il s'est acquis à leur vénération et à leur affection. Partout où les locaux le permettront, il serait à désirer que les étudiants ou les élèves fussent réunis pour ces conférences. Il convient, d'ailleurs, de laisser à l'initiative locale une très large part dans l'organisation de ces cérémonies.

Dans les écoles normales primaires, les directeurs et les directrices pourront insister sur certains côtés de l'œuvre de Michelet qui doivent plus particulièrement intéresser de futurs instituteurs et institutrices. Je leur signale notamment les derniers chapitres de ce beau livre du *Peuple*, où, dès 1846, il indiquait avec tant d'âme et d'éloquence quels doivent être les principes d'une éducation vraiment nationale.

Le Gouvernement a voulu enfin que, dans toutes nos écoles primaires, et jusque dans la plus modeste école de hameau, le souvenir de Michelet fût célébré.

Chaque instituteur, chaque institutrice recevra, par les soins de l'Inspection primaire, une brochure publiée à l'Imprimerie nationale et qui devra être ensuite conservée dans la bibliothèque scolaire[1]. Ils y trouveront quelques-uns des plus beaux récits de Michelet, de ceux qui doivent le mieux parler à l'imagination et au cœur d'un petit Français.

Devant les élèves assemblés et, si les locaux le permettent, devant les autorités locales et les familles, afin que ce soit une vraie fête de l'école

[1] C'est à cette brochure que les citations reproduites en tête de ce compte rendu ont été empruntées.

et des amis de l'école, ils liront ces pages, ils expliqueront que l'historien de génie qui les écrivit fut un homme bon, doux, simple, qui aimait les enfants et qui plaçait en eux toute son espérance. De cette solennité, il faut que nos enfants gardent ce souvenir que la France est reconnaissante envers ceux qui lui ont donné leur cœur et consacré leur vie.

Recevez, Monsieur le Recteur, l'assurance de ma considération très distinguée.

Le Ministre de l'Instruction publique et des Beaux-Arts,

A. RAMBAUD.

PORTRAIT DE MICHELET

(PAR MASSON)

J. Michelet

I

LA CÉRÉMONIE DU PANTHÉON.

Cet hommage solennel auquel prit part M. Félix Faure, Président de la République, eut une grande allure et, par bien des côtés, fit songer aux fêtes où la Révolution s'efforçait d'évoquer l'âme des temps héroïques pour susciter des vertus antiques.

Voici le programme de la cérémonie qui eut lieu le 13 juillet, à 10 heures du matin, au Panthéon :

1. *La Marseillaise.*

2. *Marche solennelle* . . . . Ambr. THOMAS.

3. *Marche héroïque.* . . . . C. SAINT-SAËNS.

4. *Chant du 14 Juillet.* . . . . GOSSEC.
   Transcrit par M. J. TIERSOT.

5. *Marche de Jeanne d'Arc* . . . . Th. DUBOIS.

6. *Le Chant du Départ* . . . . MÉHUL.

L'Orchestre et les Chœurs de la Société des Concerts du Conservatoire
sous la direction de M. P. TAFFANEL.

La Musique de la Garde républicaine sous la direction de M. G. PARÈS.

Vers 9 heures et demie, MM. les Présidents du Sénat et de la Chambre des députés, un grand nombre de membres du Corps diplomatique, du Parlement, du Conseil général de la Seine et du Conseil municipal de Paris, les hauts fonctionnaires, les députations des grands établissements scientifiques, les délégués de l'Institut, de l'Université, du corps académique, de l'enseignement secondaire et primaire, des syndicats ouvriers pénétraient dans le monument, au centre duquel une estrade avait été dressée.

A 10 heures, le Président de la République, suivi de toute sa maison militaire en grande tenue et accompagné par les membres du Gouvernement, fit son entrée. A la porte, il reçut les honneurs militaires d'une compagnie de la Garde républicaine et il gagna le fauteuil qui lui était réservé sur l'estrade, salué par l'hymne national, joué par la musique de la Garde républicaine, que les assistants écoutèrent debout.

M. Félix Faure prit place entre le Président du Sénat, M. Émile Loubet, et le Président de la Chambre des députés, M. Paul Deschanel. Sur le même rang, les autres fauteuils, à droite et à gauche du Président de la République, étaient occupés par les Ministres, par Mme veuve Michelet et par M. le docteur Navarre, président du Conseil municipal de Paris.

Mme Michelet, qui était venue au Panthéon accompagnée de M. Léon Bourgeois, Ministre de l'Instruction publique et des Beaux-Arts, avait été placée immédiatement à la gauche de M. Paul Deschanel, président de la Chambre des députés; à côté d'elle se trouvait le Président du Conseil municipal.

Cette cérémonie eut un caractère de simplicité n'excluant pas

la grandeur, et elle dut vivement impressionner l'esprit des enfants
et des jeunes gens qui y prirent part.

Le Panthéon, qui se prête tout à fait à ce genre de solennités,
avait été très sobrement orné, les organisateurs tenant à conserver au monument l'harmonie un peu sévère de ses lignes.

Sur la colonnade du péristyle, on avait disposé deux massifs
de plantes. A l'intérieur, dans le chœur qu'elle isolait, avait été
tendue une grande draperie de velours cramoisi dont le centre était
occupé par une tapisserie des Gobelins reproduisant le *Parnasse*
de Raphaël; cette tapisserie était encadrée de branches de chêne
dorées. Puis s'élevait la large estrade où prirent place le Président
de la République, les Présidents des Chambres, les Ministres, le
Président du Conseil général de la Seine, le Président du Conseil
municipal de Paris, les membres de l'Institut, le Conseil des Facultés, dans leurs costumes multicolores.

Devant cette estrade, dressé sur un socle chargé de velours,
émergeait de plantes vertes et de fleurs le buste du grand écrivain, œuvre de M. Antonin Mercié, destinée au lycée de Vanves.

La vaste nef, les travées et les bas côtés étaient remplis par les
banquettes et les sièges réservés aux quatre mille invités. Au premier rang, des chaises dorées furent occupées par le Corps diplomatique.

La musique de la Garde républicaine, l'orchestre et les chœurs
du Conservatoire avaient été placés dans l'abside.

Avant de s'asseoir, le Président de la République s'inclina devant Mᵐᵉ Michelet, qui lui tendit la main et le salua; puis la
cérémonie commença.

Après l'audition de la *Marche solennelle* d'Ambroise Thomas, jouée par l'orchestre et les chœurs de la Société des concerts du Conservatoire, sous la direction de M. P. Taffanel, le Ministre de l'Instruction publique et des Beaux-Arts prononça le discours suivant :

DISCOURS DE M. LÉON BOURGEOIS.

Monsieur le Président de la République,

Madame,

Messieurs,

C'est à Michelet lui-même, dans une de ses pages immortelles, que je veux demander de dire pourquoi nous sommes réunis ici.

« Quand l'homme, a-t-il écrit, s'est un peu fait dans l'enfant, son père le prend ; grande fête publique ; grande foule dans Paris. Il le mène de Notre-Dame au Louvre, à l'Arc de Triomphe. D'un toit, d'une terrasse, il lui montre le peuple, l'armée qui passe, les baïonnettes frémissantes, le drapeau..... Dans les moments d'attente surtout..... dans ces formidables silences qui se font tout à coup sur le sombre océan du peuple, il se penche, il lui dit : « Tiens, mon enfant, regarde : voilà la France, « voilà la Patrie. Tout ceci, c'est comme un seul homme. Même âme et même cœur. »

« C'est ainsi, dit-il encore, que l'enfant a vu la Patrie..... ; c'est bien une personne vivante qu'il touche, cet enfant, et sent de toutes parts. Il ne peut l'embrasser ; mais elle, elle l'embrasse, elle l'échauffe de sa grande âme répandue..... »

Et rappelant la grandeur des fêtes antiques, la vie grecque, si terrible d'action, de lutte, de péril, de guerre, ayant cela d'admirable et qui compensait tout, les fêtes : — Du berceau, par les fêtes, on allait au tombeau, — Michelet assure que l'éducation se fera par les fêtes encore. « La sociabilité est un sens éternel qui se réveillera. Nous verrons reparaître cette heureuse initiation qui, dès le premier âge, offrait à l'œil charmé du jeune citoyen un grand peuple d'amis aimables, joyeux, bienveillants; jusqu'à son dernier jour, il emportait l'image de cette belle Patrie vivante. »

Et si l'on demande comment se font les fêtes, il demande, lui, comment se fait un dogme civique :

« On ne les fait pas. Cela naît de soi-même. Un matin, on s'éveille; tout a jailli du cœur..... Sans que l'on institue des fêtes, elles se feront, surtout aux jours émus et le lendemain de grands événements. D'elle-même se fit cette fête des fêtes, la plus belle qui fut jamais, la Fédération de 91, cette sublime agape où l'Europe assista, où tous, de près, de loin, communièrent avec la France. »

Messieurs, c'est bien ainsi qu'est née cette fête de Michelet. « Un matin, à son nom, tout a jailli du cœur. » Tous les patriotes ont senti qu'en célébrant le centenaire de la naissance de Michelet, ils célébraient en vérité la fête même de la France.

Évoquer Michelet, n'est-ce pas, des origines jusqu'à nos jours, évoquer toute notre histoire? Et tous, en prononçant ce nom, ne voyons-nous pas, suivant le mot qu'il aimait, ressusciter devant nous toutes nos grandeurs et toutes nos tristesses, tous nos souvenirs et toutes nos espérances, tous nos héros et tous nos martyrs?

Michelet, à l'heure où la souveraineté nationale t'appelle au Panthéon, c'est le génie même de la France qui semble entrer ici avec toi !

Qui donc en effet la connut comme lui, cette France, et qui nous la fit mieux connaître? Qui donc l'aima comme lui et qui la fit mieux aimer?

Ouvrons ces portes toutes grandes, et laissons-nous emporter par lui — par quel coup d'aile, vous le savez — sur ce sommet des Vosges ou du Jura, d'où il nous a montré la terre de France, déroulant dans une fresque incomparable le tableau de son sol et de ses provinces, des Pyrénées « aux têtes d'argent » jusqu'à « l'épais limon des riches plaines » de Flandre; — de « la pauvre et dure Bretagne » jusqu'au delta de Camargue « d'où vient donner le Rhône emporté comme un taureau »; — des « vieux cratères aujourd'hui verdoyants » des Cévennes jusqu'aux vallées de Champagne et de

Lorraine où, pour la première fois, « sous une forme virginale et pure, la grande image du peuple apparut en Jeanne d'Arc ».

Voici toute la chère patrie, tantôt éblouissante sous le clair soleil, tantôt sombre et voilée par la tempête, ou rouge des reflets du sang et du feu des batailles, et du fond du passé, sur tous ses chemins, voici que viennent à nous, — se levant du tombeau à l'appel de Michelet, — morts réveillés par lui pour l'éveil des vivants, — les fils illustres de cette terre : Vercingétorix « tournant en cercle autour du tribunal de César et jetant son épée, son javelot et son casque aux pieds du Romain sans dire un seul mot »; Charlemagne, « dans son palais d'Aix, actif dans son repos même, et se levant la nuit pour les matines »; saint Louis, mourant « sous le soleil d'Afrique, dans la poussière du sable soulevé par les vents »; Charles V, « le premier roi moderne, conquérant dans sa chambre, un roi assis, comme l'effigie royale est sur les sceaux »; . . . . . voici Jeanne « en haut du bûcher », voyant autour d'elle « la grande ville, la foule immobile et silencieuse », et, dans la flamme qui monte, disant à l'évêque la terrible parole : « Évêque, je meurs par vous. . . . . . », cependant que « dix mille hommes pleuraient »; puis les siècles passent, et voici Henri IV entrant dans Notre-Dame « à la lettre, porté sur les bras du peuple »; Richelieu, « très lumineux esprit, ayant l'âme française »; Turenne, « instruisant sans cesse ses capitaines, un maître autant qu'un général », n'étant « lui et son armée qu'une même personne »; puis encore les grands penseurs et les grands écrivains, de Rabelais, « homme de toute étude, de tout art, de toute langue, qui contint le génie du siècle et le déborde à chaque instant », à Voltaire, qui « d'une pince d'acier et d'une invincible tenaille serre à la racine l'arbre qui nous tient dans l'ombre »; de Molière, « visage mâle, de bonté, de loyauté, d'honneur, le grand esprit du siècle, qui, jour par jour, en écrit la formule », à Condorcet, « le dernier des philosophes du grand XVIIIᵉ siècle, alliant à la ferme raison la foi infinie à l'avenir »; enfin, les héros de la Révolution, Camille Desmoulins, « le roi du pamphlet »; Danton, « la forte tête où la patrie elle-même s'appuya », Danton, « force organique, puissance naturelle, un élément, une force comme la foudre ou la mer »; et le groupe des généraux de la République, parmi lesquels le plus haut, à ses yeux,

Hoche, « ayant rompu tous les obstacles par l'effort de la seule vertu »; Hoche « l'épée de la République », mourant à vingt-neuf ans dans le rêve « de l'ambition humaine et généreuse, plus haute que la victoire même ».

Mais surtout voici la nation elle-même, non pas seulement les chefs, les illustres, mais les humbles, les petits, les ignorés, les simples; les voici, de toutes les conditions, de toutes les provinces et de tous les siècles, qui viennent à nous.

Voici le peuple, car c'est lui dont il a voulu écrire l'histoire, et le peuple tout entier, dont le lent effort a fait la France, et dont la résurrection est devant nous.

Quelle vie dans ces foules qui montent du passé ! Pauvres croisés du peuple partis « sûrs d'un miracle » avec Pierre l'Ermite, — ou volontaires de 92, « génération admirable qui vit en un même rayon la liberté et la gloire »; — tristes cohues misérables du xve siècle affamé, « fuyant aux bois avec les bêtes fauves », ou radieux départ des fédérés de 90, « citoyens pour la première fois, évoqués du fond de leurs montagnes au nom inouï de la liberté, que torrents, précipices, fontes de neiges, rien ne put arrêter », — nous distinguons leurs traits, nous entendons leurs voix, nous frémissons de leurs enthousiasmes ou de leurs colères, nous vivons de leur âme.

Ou plutôt, ne le sentons-nous pas? quelque chose de plus s'accomplit en nous-mêmes : à cette évocation du génie, nos âmes, les âmes des vivants — et ces âmes des morts rappelés à la vie — se mêlent et se confondent, et nous ne sentons plus, en nos aïeux comme en nous-mêmes, qu'une seule âme présente et vivante — ou, comme il eût dit — qu'une seule personne, la France.

Michelet a dit cette parole où il s'est mis tout entier : « Le premier, je vis la France comme une âme et comme une personne. » — Et c'est bien la personne — non de tel ou tel parmi ceux qui ont représenté, conduit, servi, illustré la France, — mais de la nation elle-même, c'est la personne, c'est l'âme du peuple entier qui, par Michelet, est devant nous.

Pour comprendre et pour révéler ainsi l'âme de ce peuple. il fallait ces deux choses : en être et l'aimer. Michelet était du peuple, et il l'aimait.

Qui de vous ne se rappelle l'admirable lettre à Edgar Quinet qui ouvre le livre du *Peuple ?*

Il s'adresse à cet autre lui-même, au noble compagnon de sa pensée, de ses combats et de sa gloire, — dont il est nécessaire que le nom soit aujourd'hui, à l'heure de l'apothéose, associé au sien, comme il l'a toujours été aux heures de l'épreuve, — et il lui dit : « Ce livre est plus qu'un livre, c'est moi-même »; — il lui raconte son enfance, la petite imprimerie de son père installée dans un chœur d'église, pendant la Révolution, puis la ruine..... et la noble nécessité du travail manuel. « Moi aussi, j'ai travaillé de mes mains; avant de faire des livres, j'en ai composé matériellement : j'ai assemblé des lettres avant d'assembler des idées, je n'ignore pas les mélancolies de l'atelier. »

Il lui redit le travail sans feu, la cave glacée, la souffrance physique et la volonté de vaincre.

Aussi, quand il vient affirmer la « personnalité du peuple », peut-il assurer qu'il ne l'a point vue du dehors, qu'il l'a expérimentée au dedans.

Et toute la science acquise par lui plus tard lui sert non à le détourner de ce peuple et à l'oublier, mais à le comprendre, à le mieux comprendre qu'il ne se comprend lui-même.

Et s'il le comprend si profondément, c'est qu'il l'aime et que là, comme en toutes ses œuvres, la puissance de pénétration de son esprit est doublée par la puissance de divination de son cœur. « De mes épreuves, dit-il, j'ai gardé surtout un sentiment profond du peuple, la pleine connaissance du trésor qui est en lui : la vertu du sacrifice, le tendre ressouvenir des âmes d'or que j'ai connues dans les plus humbles conditions. » Il le défend contre ceux qui le méconnaissent; il dit « la richesse du sentiment et la bonté de cœur » qu'il a trouvées en lui; combien « la famille, le travail, la plus humble vie de ce peuple ont d'eux-mêmes une poésie sainte ».

Lui, le savant, l'historien, « il a fermé ses livres, il s'est replongé dans la foule, il en a écouté les bruits, noté les voix, et il est revenu à son histoire ayant perçu dans cette foule « le sens de la France comme grande fraternité d'hommes vivants, comme société glorieuse avec nos Français des vieux âges ». Ce qui inspire son génie, c'est cette « grande voix basse qui, de siècle en siècle, s'est fait entendre; que lui, Michelet, en prêtant l'oreille, a su reconnaître et comprendre; il a par elle pu vivre de « la grande vie éternelle » de la nation; le peuple, « muet en lui-même, a parlé par cet homme »; et quand a éclaté cette grande voix où tonnaient toutes les colères, où pleuraient tous les deuils, où criaient toutes les souffrances, où chantaient tous les espoirs, où vibraient tous les enthousiasmes des millions d'êtres qui ont vécu sur ce vieux sol et dont les ossements en ont fait la poussière sacrée, les vivants se sont reconnus dans les morts, et tous n'ont plus fait qu'une seule âme, qu'un seul cœur.

Il aimait. C'est le secret de sa puissance. Il a dit : « La vie, c'est l'amour »; et c'est par l'amour que son génie, débordant en effet de vie, donne la vie à tout ce qu'il touche.

Dans l'histoire qu'il écrit, et dont le rythme emporté suit les battements de son cœur, à chaque page il y a non seulement résurrection, mais création.

Pour lui, tout vit, tout a une âme, tout est une personne, — et tout, par suite, veut être aimé.

Voici les vieilles cités de France. « Ce m'était, dit-il, une religion de leur refaire une âme à chacune, ces vieilles et chères cités. » — Les nations et les patries, que sont-elles pour lui? « Des âmes de peuples. »

Plus tard, quand ce grand poète se tourne vers la nature, quand il écrit ces œuvres profondes et charmantes qu'il a aimées entre toutes, comme les filles de son union avec celle qui a été la compagne de son esprit, le sourire de sa vieillesse, et qui est restée la muse de son immortalité, — quand il écrit l'Oiseau, l'Insecte, la Mer, la Montagne, ce sont autant de personnes véritables qu'il voit ou qu'il crée pour nous; comme les peuples, elles ont une âme, et cette âme il la connaît toute et nous ne doutons plus d'elle après qu'il nous en a parlé.

Enfin, si, regardant le temps présent, Michelet cherche à prévoir et à préparer l'avenir, c'est « une cité morale », c'est-à-dire une personne encore qu'il nous montre dans la cité politique des temps nouveaux. Sens du passé national, profond amour du peuple : voilà de quoi est faite pour lui cette cité morale, voilà toute la politique.

Non qu'il songe à rien restaurer de ce passé pour en faire la loi du présent. Mais c'est du lent effort de ce passé que se dégage pour lui l'idéal de l'avenir. Laborieux et cruel enfantement d'où doit naître l'unité organique et vivante où s'accorderont les volontés et les cœurs.

Deux ennemis sont là qu'il faut combattre sans relâche : l'ignorance et la haine; il faut leur opposer la science et l'amour.

« Une brûlante poésie sort de la masse des hommes; sous notre terre stérile et froide, ne craignez pas de descendre aux profondeurs où recommence la chaleur sociale. C'est là que se garde le trésor de la vie universelle où se rouvriront pour tous les sources taries de l'amour. »

Appuyez-vous sur le peuple. Ne le craignez pas. L'égoïste « regarde en bas; il voit la foule monter derrière lui comme il a monté et il n'aime pas qu'elle monte. Il recule et se serre du côté du pouvoir ».

Ne l'imitez pas. « La vie s'allume et s'aimante à la vie, s'éteint par l'isolement. Plus elle se mêle aux vies différentes d'elle-même, plus elle devient solidaire des autres existences et plus elle existe, avec force, bonheur, fécondité. »

Laissez les humbles s'élever vers vous. « Ils y gagneront et vous n'y perdrez rien. »

« Laissez cette idée fausse qu'on gagne en prenant aux autres. Chaque flot du peuple qui monte amène avec lui un flot de richesses nouvelles. »

Ainsi, pour guérir le mal dont nous souffrons, « c'est l'âme tout d'abord qu'il faut guérir ». Le mal social, il est dans le cœur; il faut que le cœur s'ouvre..... et les bras. « Que des deux côtés le cœur s'élargisse », et la cité nouvelle sera fondée.

Non sans doute que toute inégalité puisse y disparaître; les différences des conditions nées des inégalités naturelles ou des jeux du sort subsisteront toujours. Mais la cité de justice ne s'assignera pas comme but de consolider et de consacrer ces inégalités accidentelles ou naturelles; elle s'efforcera, au contraire, de les compenser, de créer, s'il était possible, « une inégalité en sens contraire au profit des moindres ».

Il en sera là comme dans la famille : « Entre l'homme et la femme, l'amour fait que le plus fort veut être serviteur du plus faible. Dans le progrès de la famille, quand l'enfant naît, le privilège descend à ce nouveau venu. L'inégalité de la nature favorisait le fort, qui est le père; l'inégalité qu'y substitue l'amour favorise le faible, le plus faible, et le fait premier. »

Voilà la loi d'équité qui peut paraître d'abord une infraction à la justice, mais qui n'est au fond que la justice définitive. Tel est, suivant Michelet, l'idéal vers lequel tout notre passé lentement nous élève. Ce n'est pas pour lui une simple vue de philosophe, c'est, conclusion de l'historien, la constatation de l'instinct des ancêtres, de l'effort de toute la nation. A travers les révolutions, le génie même de la race va vers la cité morale, vers la République fraternelle, vers la véritable patrie, « cette grande amitié qui contient toutes les autres ». « O France, glorieuse mère, fais que nous nous aimions tous en toi. »

Messieurs, pour que ce rêve se réalise, les lois sont vaines. Michelet vous l'a dit tout à l'heure : le mal qu'il faut guérir est dans le cœur. Pour que la cité morale s'élève autour de nous, il faut qu'elle soit fondée d'abord en nous-mêmes. Il faut que, par l'éducation, elle soit fondée dans l'âme de chacun de ceux de demain.

C'est là le sens de son mot célèbre : « Quelle est la première partie de la politique? L'éducation. La seconde? L'éducation. La troisième? L'éducation. »

Il parle comme parlait la Convention nationale : « Si nous décrétons l'éducation, nous aurons assez vécu. »

Les enfants! Comme il y pense sans cesse, comme il a confiance en eux, si l'on sait dans ces êtres simples, héritiers d'une race généreuse, éveiller et développer le sentiment où se fonda la cité, « la foi à la grande association où tous se sacrifient ». « Il ne faut plus que les sages se contentent de dire : Laissez-les venir à nous..... Il faut qu'ils aillent à eux. L'enfant est l'interprète du peuple, que dis-je?..... Il est le peuple lui-même dans sa vérité native. L'enfant, c'est le peuple, le peuple innocent. »

Comme il l'a prévue et appelée de ses vœux, cette école nationale que la République a fondée, mais qu'il faut qu'elle élargisse et complète encore! Comme il aime à l'avance, cette salle de classe où, sans distinction de fortunes, d'opinions, de croyances, tous les fils de la nation devraient venir s'asseoir côte à côte; où, cessant de s'ignorer, « liés d'amitié quoique divisés de carrière, ils feraient plus entre eux que toutes les politiques et toutes les morales du monde »; où, par leur rapprochement, ils formeraient « le nœud sacré de la cité ».

Oh! ce qu'il veut qu'on y enseigne, ce ne sont pas de nombreuses connaissances. Plus tard, ce sera l'objet des écoles spéciales. Ce qu'il rêve pour les premières années, c'est une éducation « qui fonderait d'abord la patrie au cœur de l'enfant ». « La France, dit-il, doit s'entourer de ses enfants et leur enseigner la France. »

« La patrie, c'est une éducation vivante. » Et quand cette patrie est la France, quand cette « personne » qu'il s'agit de faire connaître et de faire aimer comme une mère est celle qui, dans l'histoire de tous les temps, « a le plus confondu son intérêt et sa destinée avec ceux de l'humanité », celle dont « les lois ne sont autres que celles de la raison », celle « qui a enseigné au monde comme la loi d'ici-bas l'égalité fraternelle ajournée jusqu'alors à l'autre vie », celle dont lui-même a pu dire : « Si l'on voulait entasser ce que chaque nation a dépensé de sang, d'or et d'efforts de toute sorte pour les choses désintéressées qui ne devaient profiter qu'au monde, la pyramide de la France monterait jusqu'au ciel »; faire connaître cette patrie, la faire comprendre, la faire aimer, n'est-ce pas donner à l'enfant l'éducation à la fois nationale et humaine, celle qui fera de lui le soldat du devoir dans la patrie, le soldat du droit dans l'humanité?

Jeunes gens que la République a appelés à cette fête, fils de nos universités, de nos lycées et de nos écoles, c'est en vous que sera demain cette âme de la France que le génie de son fils immortel rend aujourd'hui visible au milieu de nous. Qu'elle vous pénètre et qu'elle vous élève! Puissiez-vous, par elle, être guidés dans les doutes, redressés dans les défaillances, fortifiés dans les épreuves! Par elle, soyez forts, soyez justes et soyez bons. En elle, soyez unis, et qu'après vous elle passe en vos fils, aussi généreuse et aussi pure, plus glorieuse encore et plus rayonnante.

Écoutez, voici les paroles que vous adresse celui que vous êtes venus saluer, voici son suprême acte de foi : « Jeune monde qui devez prendre bientôt notre place, il faut que je vous remercie. Qui, plus que moi, avait étudié le passé de la France? Qui devait la sentir mieux, par tant d'épreuves personnelles qui m'ont révélé ses épreuves? Cependant, mon âme s'était alanguie, la réalité m'échappait, et notre patrie que je poursuivis toujours, que j'aimai toujours, je la voyais toujours là-bas. Elle était mon objet, mon but, un objet de science et d'étude. Elle m'est apparue vivante..... En qui? En vous! En vous, jeunes hommes, j'ai vu la Patrie, son éternelle jeunesse... Comment n'y croirais-je pas! »

Ces paroles vibrantes, interrompues à plusieurs reprises par de discrets bravos, furent saluées, après que le Ministre eut achevé sa péroraison, des applaudissements de l'assistance et d'un « ban » de la part des étudiants.

La musique exécuta ensuite la *Marche héroïque* de Saint-Saëns, et M. le Président du Conseil municipal, se levant, prononça le discours que voici :

DISCOURS DE M. NAVARRE.

Monsieur le Président de la République,

Madame,

Messieurs,

Glorifier Michelet, c'est glorifier le Peuple, la Patrie, l'Humanité.

Épris des grands souvenirs, dès le premier essor de sa pensée, il sentit la vive impression de l'Histoire et le vague désir de remonter les âges.

Pour cela il fallait plonger au fond du passé, entrer vivant dans le tombeau des siècles, y chercher les traces des générations disparues, y découvrir cette tradition suivie qui fait de l'Histoire de la France celle de l'Humanité; il fallait condamner sa jeunesse à suivre pas à pas, d'âge en âge, la vie d'autrefois, pour y trouver la lumière de l'avenir.

Michelet fit cela; il aima la France, lui donna une histoire. La France, sous les portiques du Panthéon, consacré aux grands hommes par la Patrie reconnaissante, célèbre aujourd'hui la gloire de son grand historien. Paris s'associe avec fierté, avec une légitime émotion, à l'hommage rendu à son illustre enfant.

Parisien, Michelet aimait Paris; il l'aimait dans son peuple, dans ses trésors de souvenirs, dans ses éclats joyeux, dans sa grandeur tragique. « Paris, dit-il, a ses séductions comme toutes les grandes villes, mais, pour ceux qu'il n'enivre pas, il est la plus grande école du monde. Là, nul objet qui ne puisse instruire. Les murs parlent, les pierres racontent, les pavés sont éloquents. »

Entre le peuple de Paris et lui que de liens, que de filiations étroites! Il lui appartient tout entier par sa naissance, par son éducation, par les épreuves endurées, par ses passions. Il en est l'incarnation la plus haute, la plus géniale; il vient de lui et par tous ses actes, par toutes ses pensées il se confond avec lui. « J'ai poussé comme une herbe entre deux pavés, j'ai gardé l'impression du travail, d'une vie âpre et laborieuse. Je suis resté peuple. » Parole profonde où l'on sent vibrer tout ce qu'il y avait en lui d'affection pour le travail, de sympathie pour tout ce qui souffre.

Volontiers, il prend pour lui les souffrances accumulées des siècles qu'il a racontés. « J'ai, par-dessus mon âge, deux ou trois mille ans que l'Histoire a entassés sur moi. »

Lorsqu'il passe devant les Invalides ou devant l'Arc de triomphe, c'est au peuple surtout que va sa pensée : « Sur ces nobles monuments, je vois le Roi et l'Empereur, je lis les noms des généraux; cela m'instruit, cela me touche. Et pourtant, ce n'est pas assez, j'aurais voulu connaître aussi le grand peuple obscur, oublié, qui a donné sa vie dans ces longues guerres. »

Enfant, il voit tomber le voile qui couvrait la colonne Vendôme, et, montrant les soldats d'airain qui figurent sur les bas-reliefs : « Et tous ceux-là qui montent autour de la colonne, demande-t-il, comment les appelle-t-on? »

Et plus tard, racontant ces choses, il ajoute : « Ils montent aveugles, intrépides ils montent, combattant toujours comme s'ils allaient poursuivre la bataille jusque dans le ciel. La spirale tout à coup s'arrête, et tout ce peuple sans nom devient le marchepied d'un seul! »

Dans les dernières années de la monarchie de Juillet, vibrant au souffle des émotions du peuple de Paris, il fait de son enseignement une arme de combat; de sa chaire au Collège de France, une tribune du haut de laquelle il lance à un auditoire ardent, tumultueux, enthousiaste, d'éloquentes paroles de justice et de fraternité.

Pour lui, ce qui caractérise le nouvel enseignement tel qu'il parut alors au Collège de France, « c'est la force de sa foi, l'effort pour tirer de l'histoire, non une doctrine seulement, mais un *principe d'action* —— pour créer plus que des esprits, mais des âmes et des volontés ».

Michelet n'eut qu'une haine, celle du Jésuite. La violence avec laquelle il l'attaque et dénonce ses menées et ses envahissements trouve un écho retentissant.

Dès qu'il voit le clergé s'efforçant de ramener la société moderne aux pratiques du moyen âge, il sort de sa réserve envers l'Église et prend parti avec virulence contre l'esprit clérical. « Le moyen âge où j'ai passé ma vie, dont j'ai reproduit dans mes histoires la puissante, la touchante aspiration, j'ai dû lui dire : Arrière! aujourd'hui que des mains impures l'arrachent de sa tombe, et mettent cette pierre devant nous pour nous faire choir dans la voie de l'avenir. »

Il en vient à s'éloigner du catholicisme lui-même; il ne l'attaque pas au nom de la philosophie ou de la raison, il le repousse au nom du sentiment, comme injuste. C'est par amour du peuple qu'il admire Luther : « Il vit le peuple, écrit-il, mangé de ses prêtres, dévoré de ses nobles et sucé de ses rois, n'envisageant rien après cette nuit de souffrances et s'ôtant le pain de la bouche pour acheter à des fripons le rachat de l'enfer. Luther eut pitié du peuple. »

Après quinze années de travail consacrées à l'ancienne France, il rentre en la France de la Révolution, comme en un foyer de famille délaissé quelque temps : « Je ne comprendrais pas les siècles monarchiques, si d'abord, avant tout, je n'établis en moi l'âme et la foi du peuple. »

Par son père, par les origines de sa famille, Michelet plongeait au cœur même de la Révolution, dans la profonde masse populaire : « Plus j'ai creusé, plus j'ai trouvé que le meilleur était dessous, dans les profondeurs obscures. J'ai vu aussi que ces parleurs brillants, puissants, qui ont exprimé la pensée des masses, passent à tort pour les seuls acteurs ; ils ont reçu l'impulsion bien plus qu'ils ne l'ont donnée. »

Sous sa plume de poète, l'Histoire devient un drame poignant, dont le Peuple est le principal acteur, le héros. Les émotions profondes qu'il ressent donnent à sa narration une vivacité, une chaleur qui séduisent et entraînent. Lui-même prend part à l'action ; nous assistons avec lui à la résurrection du passé ; les objets semblent reprendre leurs couleurs, leurs mouvements, leurs formes ; les hommes et les faits se retracent si vivement dans son imagination, que Michelet finit par les croire présents ; il les voit, il les entend, il leur parle, il les apostrophe, il les acclame, il les maudit. C'est le Shakespeare du récit. . . . .

Avec lui, le dialogue et la vie entrent de toutes parts dans l'Histoire.

Combien nous comprenons, en lisant ces pages immortelles, l'enthousiasme sublime, l'espérance infinie de la France au lendemain de 1789!

Son œuvre est palpitante de patriotisme et d'humanité. C'est par patriotisme et par humanité qu'il écrit l'histoire de la Révolution, l'histoire de ce peuple héroïque qui fonda, pour toute nation, l'évangile de l'Égalité.

La France était pour lui une religion : la Fraternité vivante. « La Patrie, ma patrie, disait-il, peut seule sauver le monde. »

Chez lui l'amour de la Patrie était lié à l'amour de l'Humanité. Ces deux sentiments ont été la principale inspiration de ses livres d'histoire.

Il voulait réconcilier les partis et les classes dans l'unité de la Patrie, réconcilier les nations dans la Fraternité universelle.

Il savait aimer son pays, sans haïr l'étranger. Son patriotisme n'avait rien de commun avec le chauvinisme étroit, vaniteux et brutal. Il trouvait dans l'amour de la Patrie la source d'un amour plus large encore. Écoutez ces paroles :

« Plus l'homme avance, plus il entre dans le génie de sa patrie, mieux il court à l'harmonie du globe ; il apprend à connaître cette patrie, et dans sa valeur propre, et dans sa valeur relative, comme une note du grand concert; il s'y associe par elle, en elle il aime le monde. La Patrie est l'initiation nécessaire à l'universelle Patrie. »

Si, de toutes les nations, la France lui paraît la plus digne d'amour, c'est qu'elle est « le représentant des libertés du monde, le pays sympathique entre tous, l'apôtre de la Fraternité ». C'est qu'elle a plus qu'aucune autre « le génie du sacrifice ».

Écoutez encore en quels termes il parle du peuple de 1848 :

« Que vîmes-nous au premier rang de ceux qui couvrirent de leur poitrine la Loi, la Patrie, la Liberté européenne, la solidarité des peuples? Ceux mêmes qui semblaient avoir placé l'espoir de l'harmonie future dans un point de vue tout à fait indépendant de la Patrie. Qui a le plus souffert pour elle? Ceux qui en parlaient le moins. »

Son amour de l'humanité éclate à chaque page dans ses récits. Il aime la France, qui « par un constant sacrifice a réalisé l'élargissement de la Patrie dans la solidarité commune ».

Il voudrait voir tous les hommes réunis dans une fraternelle étreinte : « J'ai vu en songe une table immense, dressée de l'Irlande au Kamtchatka, et tous les convives unis dans une même communion. Quand mon rêve se réalisera-t-il? Quand commencera pour la terre l'universel banquet?

La Révolution symbolisait pour lui les idées de justice et de concorde universelles. Il la considérait comme l'avènement d'une religion nouvelle.

Son histoire est un acte de foi.

Dans la Révolution Michelet cherche la lumière qui éclairera pour lui le passé et l'avenir de la France.

Il la voit émancipatrice et universelle. Volontiers il eût dit avec Lamartine :

> Ce ne sont plus des mers, des degrés, des rivières,
> Qui bornent l'héritage entre l'humanité;
> Les bornes des esprits sont leurs seules frontières,
> Le monde en s'éclairant s'élève à l'unité.
> Ma patrie est partout où rayonne la France,
> Où son génie éclate aux regards éblouis,
> Je suis concitoyen de toute âme qui pense,
> La Vérité est mon pays.

Le peuple n'est pas ingrat, il aime passionnément ceux qui l'ont aimé, il va à eux d'un instinct sûr et spontané, il est plein de curiosité pour leurs œuvres, plein de tendresse pour leur personne, plein de respect pour leur nom.

Voilà pourquoi, d'un élan unanime, la France entière célèbre aujourd'hui la mémoire de son grand historien et de son grand ami.

Personne plus que Michelet ne croyait à la puissance féconde de l'instinct populaire. Non! la France ne s'est pas trompée quand elle a fait la Révolution. Non! le grand peuple qui l'a accomplie n'a pas été le jouet de vaines illusions. Poursuivons notre route dans la voie de la vérité et de la justice, inspirons-nous de la pensée et du cœur de Michelet qui voyait dans la France « le pilote du vaisseau de l'Humanité ».

De vifs applaudissements et un nouveau « ban » des étudiants saluèrent la péroraison du Président du Conseil municipal, dont le discours avait, à plusieurs reprises, provoqué des bravos et des marques d'approbation.

Puis l'orchestre et les chœurs firent entendre une œuvre de Gossec, *Chant du 14 Juillet,* transcrite par M. J. Tiersot. On exécutait cette œuvre pour la première fois depuis un siècle. D'une inspiration élevée, d'un rythme large et grandiose, elle produisit un très grand effet sur le public d'élite réuni au Panthéon.

Les enfants des écoles primaires de la Ville de Paris, filles et garçons, sous la conduite des institutrices et des instituteurs, défilèrent ensuite devant le buste de l'écrivain ainsi magnifié, pendant que la musique exécutait la *Marche de Jeanne d'Arc,* de Th. Dubois, et le *Chant du Départ,* de Méhul, qui retentit superbement sous les voûtes sonores du vaste monument, faisant passer un frisson épique sur la foule. Les étudiants, fort nombreux, précédés

du drapeau de leur association, fermaient le défilé. Ils déposèrent
au pied du socle de l'effigie de l'illustre historien une grande couronne offerte par la « jeunesse noire » de Paris.

Ainsi prit fin cette émouvante cérémonie.

Le Président de la République adressa, avant de se retirer,
quelques paroles émues à Mme Michelet, qui s'éloigna au bras du
Ministre de l'Instruction publique; la foule les salua respectueu-
sement et s'écoula pendant que M. Félix Faure, escorté par un
escadron de cuirassiers, regagnait l'Élysée.

Dans la journée, après avoir été fleurir le monument qui fut
élevé à Michelet au cimetière du Père-Lachaise par souscription
nationale, en 1882, les délégués des étudiants parisiens se sont
rendus chez Mme Michelet. En leur nom, MM. Albert Meurgé et
Paul Morel ont remis à Mme Michelet une plaquette de bronze en
souvenir de la cérémonie du matin.

5753

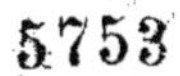

RÉPUBLIQUE FRANÇAISE

LIBERTÉ · ÉGALITÉ · FRATERNITÉ

*La Ville de Paris célébrera le 13 Juillet 1898
le Centenaire de Michelet.*

*La Municipalité prie M........ Maillard
.... à l'Opéra*

*de lui faire l'honneur d'assister à la réception offerte à
l'Hôtel de Ville à cette occasion le 13 Juillet à 10h. du soir.*

On dansera

R. S. V. P.

*Cette carte est rigoureusement personnelle et n'est valable que pour une personne.
Elle doit être remise en entrant.*

II

RÉCEPTION À L'HÔTEL DE VILLE

DES MAIRES DES PRINCIPALES VILLES DE FRANCE.

CONCERT ET BAL.

La pensée d'associer les municipalités des villes de province à la célébration du centième anniversaire de la naissance de Michelet vint au Bureau du Conseil municipal de Paris dès qu'il prit la résolution de donner suite à la proposition de M. Faillet par l'organisation d'une fête populaire, et M. Bouvard fut chargé, d'accord avec M. le Syndic, d'organiser cette fête à l'Hôtel de Ville, lointain écho de ces fédérations de 1790 que Michelet raconta dans des pages inoubliables.

Les invitations de la Municipalité furent envoyées par les soins du Syndic, et le mercredi 13 juillet, à 7 heures du soir, le dîner offert aux Maires des grandes villes de France par la Ville de Paris eut lieu dans la grande salle des Fêtes de l'Hôtel de Ville.

Voici la liste des invités qui ont assisté à ce banquet :

MM. Navarre, président du Conseil municipal.
    de Selves, préfet de la Seine.
    Léon Bourgeois, ministre de l'Instruction publique.

MM. Lockroy, ministre de la Marine.

Vallé, sous-secrétaire d'État au ministère de l'Intérieur.

Charles Blanc, préfet de police.

le Maire de Marseille.

le Maire de Lyon.

Picard, commissaire général de l'Exposition universelle de 1900.

Darboux, doyen de la Faculté des sciences.

Himly, doyen de la Faculté des lettres.

Lampué, vice-président du Conseil municipal.

le Maire de Bordeaux.

le Maire de Lille.

A. Thuillier, président du Conseil général.

L. Bellan, syndic du Conseil municipal de Paris.

Frémiet, président du Bureau de l'Académie des Beaux-Arts.

Fournier, président du Conseil de préfecture.

le Maire d'Angers.

le Chef du Cabinet du Président du Conseil des Ministres.

le Maire d'Auch.

le Maire de Dijon.

Lamouroux, président de la 2ᵉ Commission.

le Maire de Châlons-sur-Marne.

Perrot, directeur de l'École normale supérieure.

Pierre Baudin, député de Paris.

Levraud, député de Paris.

Garsonnet, doyen de la Faculté de droit.

le Maire de Périgueux.

Millerand, député de Paris.

le Maire de Saint-Quentin.

le Maire de Brest.

le Maire de Bourg-la-Reine.

Caron, conseiller municipal de Paris.

Georges Villain, conseiller municipal de Paris.

Tantet, maire du iiiᵉ arrondissement.

Holtz, député de Paris.

le Maire de Saint-Ouen.

le Maire de Verdun.

MM. Hyérard, chef du Cabinet du Préfet de la Seine.

Paoletti, chef du Secrétariat du Conseil municipal.

Émile Dubois, député de Paris.

le Maire de Mézières.

le Maire de Rosny.

le Maire de Stains.

le Maire de Rambouillet.

Le Roux, directeur des Affaires départementales à la Préfecture de la Seine.

le Maire de Romainville.

le Maire de Villetaneuse.

le Maire de Rambervillers.

le Maire de Pierrefitte.

Félicien Paris, conseiller municipal de Paris.

le Maire des Sables-d'Olonne.

le Maire d'Agen.

le Maire de Chartres.

le Maire de Sens.

A. Muzet, député de Paris.

le Dr Napias, directeur de l'Assistance publique.

Montheuil, président du Syndicat de la Presse municipale.

Delcamp, directeur de l'Octroi.

le Directeur de l'Agence Fournier.

Menant, directeur des Affaires municipales.

Derouin, secrétaire général de l'Assistance publique.

Duval, contrôleur central des finances.

Achille, conseiller municipal de Paris.

le Chef de Cabinet du Ministre de l'Instruction publique.

Schwartz, secrétaire du Syndic.

Louis Lucipia, conseiller municipal de Paris.

le Chef du Cabinet du Ministre de l'Intérieur.

le Maire de Sceaux.

le Maire de Rethel.

Alfred Moreau, conseiller municipal de Paris.

Risler, maire du viie arrondissement.

Bergougnan, président de l'Association de la Presse judiciaire.

MM. Fichet, directeur des Finances.
le Directeur de l'Agence nationale.
Opportun, conseiller municipal de Paris.
le Maire de Trayes.
le Dr A.-J. Martin, chef du Service de l'assainissement.
Meurgé, maire du ve arrondissement.
le Maire de Pantin.
Dardenne, chef du Service du matériel à la Préfecture de la Seine.
le Maire de Vitry-le-François.
le Maire d'Alfortville.
le Maire de Voiron.
le Maire d'Arcueil.
le Maire de Bagneux.
Paul Viguier, conseiller municipal de Paris.
le Maire de Neuilly-sur-Seine.
le Maire de Saint-Cloud.
le Maire de Royan.
le Maire de Brie-sur-Marne.
Adrien Veber, conseiller municipal de Paris.
le Maire de Charenton.
le Chef du Cabinet du Sous-Secrétaire d'État (Intérieur).
Léon Martin, chef du Cabinet du Président du Conseil municipal.
le Maire de Gaillac.
Vert, maire du xxe arrondissement.
le Maire d'Hénin-Liétard.
Boreux, ingénieur en chef de la voie publique.
Marsoulan, conseiller municipal de Paris.
Wickersheimer.
Féron, conseiller général de la Seine.
le Maire de Lourches.
Chain, maire du ixe arrondissement.
le Maire de Bègles.
le Maire de Méru.
le Maire de Saint-Mandé.
le Maire de Fontenay-aux-Roses.
le Maire de Maisons-Laffitte.

MM.   le Maire de Gentilly.
Barrier, conseiller général de la Seine.
le Maire de Marcq-en-Bareul.
le Maire d'Issy-les-Moulineaux.
le Maire d'Ivry.
Basset, conseiller général de la Seine.
le Maire de Ruesnes.
le Maire de Joinville.
le Maire de Sarlat.
le Maire de Kremlin-Bicêtre.
le Maire de Sanvic.
Legénisel, maire du xie arrondissement.
le Maire de Sotteville-les-Rouen.
le Maire de Maisons-Alfort.
le Maire d'Hay.
Parisse, conseiller municipal de Paris.
le Maire de Villeneuve-Saint-Georges.
le Maire de Malakoff.
le Maire de Villers-Cotterets.
Wiggishoff, maire du xviiie arrondissement.
Fourest, conseiller municipal de Paris.
Daniel, conseiller municipal de Paris.
le Maire de Figeac.
le Maire de Saint-Maur.
Brard, conseiller municipal de Paris.
le Maire de Saint-Maurice.
le Maire de Saint-Denis.
le Maire de Thiais.
le Maire de la Fère.
le Maire de Vanves.
le Maire de Châteauroux.
Piperaud, conseiller municipal de Paris.
le Maire de Puteaux.
le Maire de Villejuif.
le Maire de Châtillon.
Cornet, conseiller municipal de Paris.

MM. le Maire de Laigle.
le Maire de Vincennes.
le Maire de Montreuil.
le Maire de Montrouge.
le Maire d'Haubourdin.
le Maire de Dôle.
le Maire de Nogent-sur-Marne.
le Maire d'Orly.
le Maire du Perreux.
le Maire de Plessis-Piquet.
le Maire de Rungis.
Sabatier, président de la Compagnie des agréés.
Quennec, chef du personnel à la Préfecture de la Seine.
Bechmann, ingénieur en chef des égouts.
le Maire de Châtenay.
le Maire de Libourne.
le Maire de Montargis.
Bouvard, directeur des Services d'architecture.
Adolphe Chérioux, vice-président du Conseil municipal de Paris.
le Maire de Nantes.
Laurent, secrétaire général de la Préfecture de police.
le Maire de Versailles.
Gervais, député de Paris.
le Président du Bureau de l'Académie des Inscriptions et Belles-Lettres.
Clairin, conseiller municipal de Paris.
Gaston Boissier, administrateur du Collège de France.
Blachette, conseiller municipal de Paris.
le Maire du Havre.
Vaillant, député de la Seine.
Thomas, maire du XIIIe arrondissement.
Vorbe, conseiller municipal de Paris.
le Maire de Montauban.
Henri Rousselle, conseiller municipal de Paris.
Lucien-Victor Meunier, secrétaire général de l'Association des journalistes
républicains.
le Maire de Lorient.

MM. le Maire de Lille.

le Maire de Châteaudun.

Rebeillard, conseiller municipal de Paris.

le Maire d'Évreux.

le Maire de Gennevilliers.

André Lefèvre, conseiller municipal de Paris.

le Maire de Commentry.

Bonnet, maire du xe arrondissement.

le Maire de Bagnolet.

le Maire de Corbeil.

le Maire de Bobigny.

le Maire de Commercy.

le Maire de Bondy.

Collardeau, conseiller général de la Seine.

le Maire du Bourget.

le Maire de Bourgoin.

le Maire d'Aire.

le Maire de Cognac.

le Maire de Courbevoie.

le Maire de Rethel.

Paul Escudier, conseiller municipal de Paris.

le Maire d'Épinay.

Bédorez, directeur de l'Enseignement primaire.

Max Vincent, conseiller municipal de Paris.

le Maire de Troyes.

Tardivaux. (Presse.)

le Maire d'Elbeuf.

Capdeville, président du Conseil d'arrondissement de Sceaux.

le Maire d'Asnières.

Colly, conseiller municipal de Paris.

Defrance, directeur administratif des Travaux de Paris.

le Maire de Bagnères-de-Bigorre.

le Maire de Drancy.

Landrin, conseiller municipal de Paris.

Beurdeley, maire du viiie arrondissement.

le Maire d'Epernay.

MM. le Maire de la Courneuve.
le Maire d'Étampes.
Barlatier de Mas.
Carmignac, conseiller général de la Seine.
Garnier, directeur du Service du contrôle administratif.
le Maire de Coulommiers.
le Maire des Lilas.
Charles Vaudet, conseiller municipal de Paris.
le Maire de Nanterre.
le Maire de Creil.
le Maire de Noisy-le-Sec.
Bruman, secrétaire général de la Préfecture de la Seine.
P. Strauss, sénateur de la Seine.
John Labusquière, conseiller municipal de Paris.
le Maire d'Orléans.
le Maire de Brives.
le Maire de Levallois-Perret.
le Maire de Belfort.
Planchon, directeur de l'École supérieure de pharmacie.
Jean Dupuy, président du syndicat de la Presse parisienne.
Georges Berry, député de la Seine.
le Maire de Beauvais.
le Maire de Boulogne-sur-Seine.
le Maire de Clichy.
le Maire de Boulogne-sur-Mer.
Herbet, maire du viᵉ arrondissement.
le Maire de Colombes.

Ce banquet, qui a eu lieu dans la grande salle des Fêtes de l'Hôtel de Ville, était présidé par M. Navarre, président du Conseil municipal. A la table d'honneur avaient pris place : MM. de Selves, préfet de la Seine ; Léon Bourgeois, ministre de l'Instruction publique et des Beaux-Arts ; Lockroy, ministre de la Marine ; Vallé, sous-secrétaire d'État à l'Intérieur ; Charles Blanc, préfet

GRANDE SALLE DES FÈTES

(CLICHÉ MARMAND)

GRANDE SALLE DES FÊTES

(CLICHÉ ALEXANDRE)

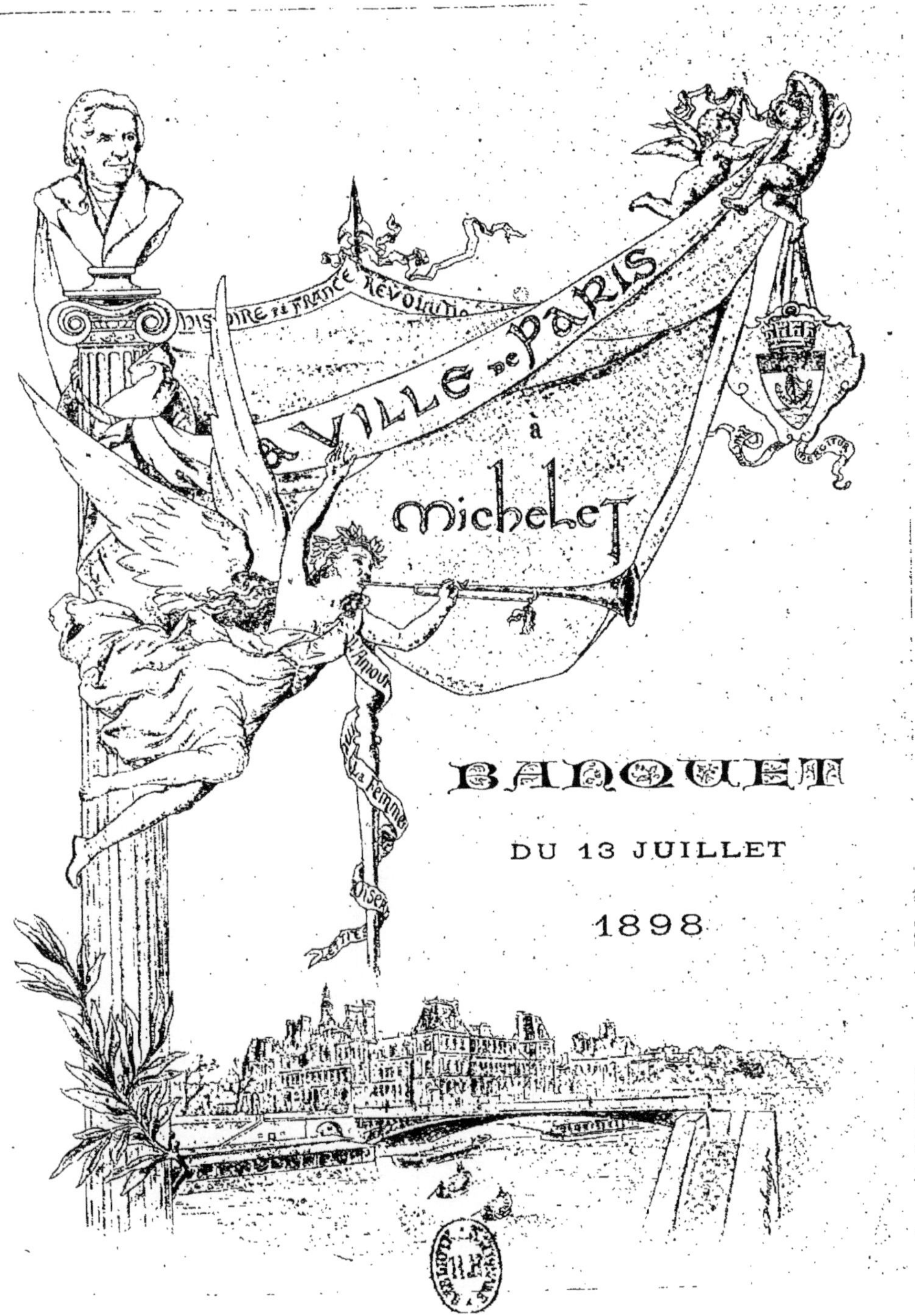

HISTOIRE DE FRANCE RÉVOLUTION
LA VILLE DE PARIS
À
MICHELET
L'Amour
La Femme
L'Oiseau
BANQUET
DU 13 JUILLET
1898

Menu

Potage
Crême Renaissance
Consommé Sévigné aux Quenelles

Saumon glacé sauce Vénitienne

Filet de Bœuf Printanier
Poulets de grains Lucullus
Grives des Ardennes Glacées Vatel

Canetons de Duclair rôtis Rouennaise

Noix de Jambon à l'Alsacienne
Salade Andalouse

Flageolets nouveaux au beurre

Glaces Michelet
Gaufrettes

Dessert

Corbeilles de Fruits Variés

VINS

Xérès Sec

Moulis en carafes
Graves en carafes

Château Montrose 1888

Moulin à vent 1887

Montebello frappé

Fine Champagne
Chartreuse — Curaçao

de police; Picard, commissaire général de l'Exposition; le docteur
Flaissières, maire de Marseille; Lampué, vice-président du Conseil

MENU

—

Potage.
Crème Renaissance.
Consommé Sévigné aux quenelles.

Saumon glacé sauce Vénitienne.

Filet de bœuf printanier.
Poulets de grains Lucullus.
Grives des Ardennes glacées Vatel.

Canetons de Duclair rôtis Rouennaise.

Noix de jambon à l'Alsacienne.
Salade Andalouse.

Flageolets nouveaux au beurre.

Glaces Michelet.
Gaufrettes.

Dessert.

CORBEILLES DE FRUITS VARIÉS.

VINS.

Xérès sec.

Moulis en carafes. — Graves en carafes.
Château Montrose 1888.
Moulin-à-Vent 1887. — Montebello frappé.
Fine Champagne.
Chartreuse. — Curaçao.

municipal; Léopold Bellan, syndic du Conseil municipal; Thuillier,
président du Conseil général de la Seine; Bruman et Laurent,

secrétaires généraux de la Préfecture de la Seine et de la Préfecture de police.

La seconde table d'honneur, placée en face de la première, était présidée par M. Ad. Chérioux, vice-président du Conseil municipal.

TOAST DE M. NAVARRE.

Au dessert, M. Navarre, président du Conseil municipal porte le toast suivant :

Messieurs,

Suivant l'usage dans les démocraties libres, je porte un toast à M. le Président de la République.

Au nom de Paris, je lève mon verre et je bois aux communes de France. Si leurs représentants n'ont pu être conviés à ce banquet, tous ont trouvé place dans nos cœurs.

Je bois à nos hôtes, les Maires des grandes communes.

Qu'ils soient les bienvenus dans notre cité, comme furent leurs ancêtres accourus à la Fédération de 1792. C'est aussi une fête de la Fédération, celle qui nous réunit ce soir dans une seule pensée, dans une même communion. Nos cœurs battent au même degré, un seul sentiment nous inspire : célébrer Michelet et en lui la Révolution.

Je remercie le Gouvernement républicain de s'associer à cette manifestation : Monsieur le Ministre de la Marine, Monsieur le Ministre de l'Instruction publique, et vous, Monsieur le Sous-Secrétaire d'État, vous nous donnez ainsi une nouvelle preuve de votre attachement à la démocratie.

Messieurs, au Panthéon, nous avons, au nom de la Ville de Paris, glorifié en Michelet le Peuple, la Patrie, l'Humanité; c'est le glorifier encore que porter un toast à l'unité de la Révolution française, aux trois grandes époques qui la caractérisent, aux trois grandes assemblées qui la personnifient, à la Constituante, à la Législative, à la Convention.

Messieurs, à la Révolution! à la République!

TOAST DE M. DE SELVES.

M. le Préfet de la Seine prend ensuite la parole en ces termes :

Messieurs,

La fête de Michelet devait être la fête du peuple.

Elle devait être aussi la fête de la France.

Le peuple, il l'a aimé; il a, suivant sa propre expression, « envers tous posé sa personnalité ».

La France, qui, mieux que lui, l'a chérie et l'a chantée?

Qui en a plus poétiquement salué les origines?

« Souvenons-nous toujours que la Patrie chez nous est née du cœur d'une femme, de sa tendresse et de ses larmes, du sang qu'elle a donné pour nous. »

En elle, en son avenir, nul n'a eu plus de foi :

« Avec elle, rien n'est fini, toujours à recommencer. Quand nos paysans gaulois chassèrent un moment les Romains et firent un empire des Gaules, ils mirent sur leur monnaie le premier mot de ce pays (et le dernier!) : Espérance. »

Le Gouvernement, les élus de Paris ont voulu que les fêtes en l'honneur de Michelet aient ce haut caractère.

Votre présence, Messieurs, la vôtre tout particulièrement, Messieurs les représentants des communes de France, le consacre et leur donne leur couronnement.

Nous saluons avec bonheur votre présence dans cet Hôtel de Ville, dans cette maison du peuple tant de fois le berceau et le témoin de nos luttes pour le progrès et la liberté, « dans ce Paris, grand et complet symbole du pays, — comme disait notre héros, — dont le génie est la forme la plus complexe à la fois et la plus haute de la France ».

Nous levons notre verre en votre honneur.

Pleins de foi nous aussi en l'avenir, nous buvons à vous tous, à la France, à l'Espérance dont parlait Michelet, qu'abrite et protège désormais le drapeau de la République.

TOAST DE M. LOCKROY.

M. le Ministre de la Marine, au nom du Gouvernement, déclare s'associer aux toasts portés à la Révolution et à la République.

Un gouvernement républicain, dit-il, peut et doit saluer à la fois la Révolution française et la République, à laquelle il a consacré toute son énergie et toute sa foi.

M. Lockroy lève ensuite son verre en l'honneur de la Municipalité de Paris et de M. Navarre, son président.

TOAST DE M. LE DOCTEUR FLAISSIÈRES.

La série des toasts se termine par celui de M. le docteur Flaissières, maire de Marseille, qui parle au nom des représentants des communes de France. L'orateur boit au Gouvernement de la République et à la prospérité de la Ville de Paris.

Avant de reprendre place dans la salle des Fêtes, les hôtes de la Municipalité se rendirent dans la Cour du Centre, transformée en serre et ornée de statues et de draperies, où le café fut servi.

LES CONCERTS ET LE BAL.

Le banquet offert aux Maires a été suivi d'un concert et d'une soirée dansante dont nous reproduisons le programme ci-après.

COUR DU CENTRE

(CLICHÉ MARMAND)

Hôtel de Ville de Paris

CENTENAIRE

de

MICHELET

Hôtel de Ville de Paris

—

FÊTE

DU

CENTENAIRE DE MICHELET

—

Mercredi 13 Juillet 1898

—

PROGRAMME DE LA SOIRÉE

SALLE DES FÊTES

(*1ᵉʳ étage*)

PREMIÈRE PARTIE

1. *Invitation à la Valse*, de WEBER, orchestrée par .... BERLIOZ

2. *France*, chœur .... A. THOMAS

3. *Air de Sigurd*................................ E. REYER
    M. VAGUET, de l'Opéra

4. *Mélodies* .... MASSENET
    Mᵐᵉ CARRÈRE, de l'Opéra

5. *Ballet de Henri VIII* .... SAINT-SAENS
    Orchestre

6. Danses :

    a. *Gavotte*.
        Mˡˡᵉˢ GALLAY, BEAUVAIS, IXART, MESTAIS, de l'Opéra

    b. *Sarabande de Zoroastre* .... RAMEAU
        Mˡˡᵉˢ PIODI, S. MANTE, DE MÉRODE, MORLET, de l'Opéra

    c. *Menuet*................................ HAENDEL
        Mˡˡᵉˢ ZAMBELLI, SANDRINI, BEAUVAIS, IXART, de l'Opéra

    d. *Pavane de Patrie* .... PALADILHE
        Mˡˡᵉˢ PIODI, S. MANTE, DE MÉRODE, MORLET

7. *Marche Républicaine*........................ AD. ADAM
    Chœur, Orchestre et Musique de la Garde Républicaine

ENTR'ACTE

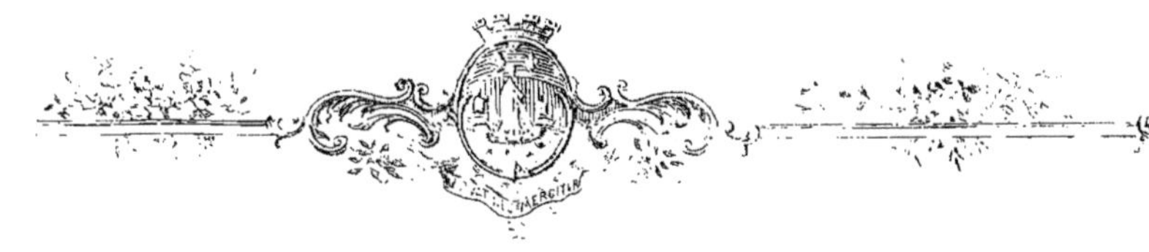

DEUXIÈME PARTIE

1. *Ouverture de Patrie*........................ G. Bizet

2. *Dans le monde*........................ Hugues Le Roux
   Un ami commerçant........................ Gerny
   > M. Raoul PAUMIER, de l'Odéon

3. *Madrigal de Roméo et Juliette*............... Gounod
   > M. VAGUET et Mᵐᵉ CARRÈRE, de l'Opéra

4. *Souvenir de voyage*........................ J. Claretie
   La Chanson d'Eviradnus........................ Victor Hugo
   > Mˡˡᵉ DU MINIL, de la Comédie-Française

5. *Ballet du Cid*........................ Massenet
   > Orchestre

6. Danses :
   > a. *Musette et Tambourin*.................. Rameau
   >   > Mˡˡᵉˢ GALLAIS, BEAUVAIS, IXART, MESTAIS, de l'Opéra
   >
   > b. *Passe-pied de Castor et Pollux*.......... Rameau
   >   > Mˡˡᵉˢ ZAMBELLI, SANDRINI, de l'Opéra
   >
   > c. *Rigodon de Dardanus* .... Rameau
   >   > Mˡˡᵉˢ GALLAIS, BEAUVAIS, IXART, MESTAIS, de l'Opéra

7. *Marche du Tannhauser* .... Wagner
   > Orchestre — Chœurs

Orchestre de la Société des Concerts, dirigé par M. Colonne

Musique de la Garde Républicaine, sous la direction de M. G. Parès

Accompagnateur : M. Georges Marty

Chef des Chœurs : M. Fock

Sociétés chorales : *Les Enfants de Paris*, M. Delahaye, directeur
Le Choral de Paris, MM. Baslaire et Audonnet, dirˢ

Danses réglées par M. Hansen, de l'Opéra

Piano de la Maison Pleyel et Wolff

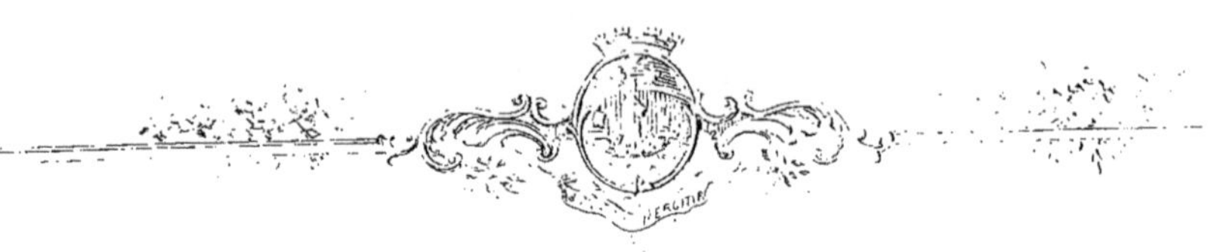

SALLE DES PRÉVOTS *(Rez-de-Chaussée)*

PREMIÈRE PARTIE

1. M. BARDE, dans ses œuvres.
2. Mlle PHILO DURAND............ *La Marche des Frondeuses*
3. MM. DELAUR-DEBRIMONT....... *François les Bas-Bleus*
   La Marche Lorraine
4. Mlle B. DE CASTILLON........... *Boudeuse*
   Froufrou
   Les Adjoints et les Maires
5. M. J. MOY .... *Armée du Salut*
   Les Palmes académiques
6. Mlle A. BONHEUR .... *Il y a point de danger*
   Ma Bergère
7. M. CHRÉTIENNI .... *La Fête Française*
8. Mlle ROSALBA.................. *La Joueuse d'orgue*
   En grève Mesdames

9.

MONSIEUR BADIN

Scène de la vie de bureau, de M. Georges COURTELINE

MM. DAYLE et HOWEY

ENTRACTE

DEUXIÈME PARTIE

1. M. GABIN...................... *Ah ! que je me tords*
   Malborough s'en va-t-en guer[re]
2. Mlle P. DARTY, dans son répertoire
3. M. CLAUDIUS .... *Elles en demandent*
   Le Commerce Français
4. Mlle E. FOUGÈRE............... *La Grande Via*
5. M. MAUREL..................... *La Demande d'emploi*
   Le Chauffeur d'Automobile
6. Mlle A. VERLY..... .... *Vous êtes jolie*
   Le Confetti
7. M. PERRIER.................... *Le Régiment en marche*
   La Musique de la Garde
8. Mme DE SÈRE .... *Là bas près du ruisseau*
   Tarentelle d'amour

9.

LA PEUR DES COUPS

Comédie en un acte, de M. Georges COURTELINE

M. DAYLE et Mlle S. BERTY, de l'Odéon

SALON DES ARCADES *(1er étage)*

BAL

Orchestre sous la direction de M. Jacques PARÈS

HÔTEL DE VILLE DE PARIS

CENTENAIRE

DE

MICHELET

RÉPUBLIQUE FRANÇAISE

LIBERTÉ ~ ÉGALITÉ ~ FRATERNITÉ

VILLE DE PARIS

CENTENAIRE

de

MICHELET

13 Juillet 1898

ÊTE POPULAIRE
Place de l'Hôtel-de-Ville

PROGRAMME

PREMIÈRE PARTIE

RONNEMENT DE LA MUSE DE PARIS

Apothéose musicale de GUSTAVE CHARPENTIER

1. — MARCHE DES CRIS DE PARIS.
2. — LES CRIEURS PUBLICS.
3. — BALLET DU PLAISIR.
4. — APPARITION DE LA BEAUTÉ.
5. — COURONNEMENT DE LA MUSE.
6. — LA SOUFFRANCE HUMAINE.
7. — APOTHÉOSE.

PERSONNAGES :

té.....................	Mlle Blanche MANTE, de l'Opéra.
....	M. SÉVERIN.
es.....................	M. DUFFAUT, de l'Opéra.
	M. ZOCCHI, de l'Opéra-Comique.
	MM. THIBAULT, BARRAU, CHEYRAT.
rs publics..............	MM. BALLARD, KARLONI, CARDON, NARÇON.

BALLET DE LA MUSE

PLET, HUGON II, ROBIETTE, NEETENS, METZER, YVES,
DAIRE, FRANÇOIS, GUILLEMIN, GILLET, MARCELLE,
FOLLY, HUGON I, PERRONI, LOUPPE, LINGIER.

Du corps de ballet de l'Opéra.

Ballet réglé par M. VASQUEZ, de l'Opéra.

hef répétiteur : M. Paul FAUCHEY, de l'Opéra-Comique.

eurs : MM. Edmond MISSA, GALLON, FRANCK, BAYER,
TERRASSE, MAQUÈRE.

SCÉNARIO

MARCHE COMPOSÉE SUR LES CRIS DES RUES DE PARIS
DÉFILÉ DU CORTÈGE DE LA MUSE

La Muse de Paris sort de l'Hôtel de Ville et va s'asseoir sur l'estrade, entourée de ses comp[…]
A ses pieds, sur des gradins, s'étagent de petits miséreux, porteurs de corbeilles fleuries. A d[…]
à gauche, se groupe le cortège. De chaque côté de la scène : le peuple de Paris.

LES CRIEURS PUBLICS

S'adressant à la foule de droit[e]
puis à la foule de gauche

Bonn's gens,
Riches, Indigents
Accourez tous ici!
Venez tous admirer
La Muse de Paris!
C'est un' gentille p'tite Ouvrière
Que les poètes=rois de misère
Vont sacrer Reine de leur chimère!

Ils saluent la Mu[se]

En l'honneur de la Muse
Que la Fête commence!

SCÈNE PREMIÈRE
BALLET DU PLAISIR

SCÈNE SECONDE
APPARITION DE LA BEAUTÉ

La Beauté mime le plaisir de s'éterniser dans l'œuvre humaine. Souriante et s'offra[nt]
s'avance vers les poètes dont les regards charmés vont, de la Beauté qui est le rêve à réalis[er]
Muse par qui se peut réaliser le Rêve.

SCÈNE TROISIÈME
LES POÈTES A LA MUSE

O Jolie,
cette danseuse
est une fleur de vie
faite d'un peu de chacun de nous tous,
et cette fleur vivante,
c'est notre âme
sous la forme d'une fleur
qui serait une femme
fleur-femme
dont la grâce et le parfum
se traduisent en cadences
de danse
afin que tes sens
aussi bien que ton âme
puissent apprécier l'hommage suprême,
dont seules sont dignes les reines!

LA FOULE

Bravo! Bravo!

LE POÈTE, continuant

Pendant cette scène, la Beauté s'approche de la Muse. Aux petits miséreux, elle prend des roses blanches, en tresse une couronne et la pose sur la tête de l'Elue.

O Jolie!
Sœur choisie!
Harmonie et beauté!
Poème de clarté!

Gente fillette de Paris
en qui rêvent Juliette, Ophélie!
ô Charmante!
Muse clémente!
De tes chevaliers reçois l'hommage.

LA FOULE

Miracle!
Harmonie et Beauté!
Poème de clarté!
Parisienne sculptée
dans de l'éternité!
O Charmante
Muse clémente
Gloire à toi!

SCÈNE QUATRIÈME

LA SOUFFRANCE HUMAINE

Sous les traits de Pierrot, s'avance la Souffrance Humaine; la Foule s'écarte, émue.

Pierrot mime l'éternelle souffrance..., les angoisses de l'humanité prisonnière d'une vie que ses *l faite si mauvaise...*
prend le ciel à témoin de sa misère. .
implore des hommes un peu de fraternelle pitié... L'égoïsme de la foule heureuse l'incite à la *e. Il pense aux revanches possibles; il croit entendre les clameurs des charges justicières, la* *e triomphante des Peuples en route pour l'éternel bonheur...*
las! tout se tait... C'était un rêve..., la souffrance ne finira qu'avec l'humanité!
Pierrot tombe, désespéré.
ais, du faîte de la Maison Commune, des voix annoncent l'avénement de la Muse du Bonheur.

VOIX LOINTAINES

Muse de l'Universel Bonheur !

Pierrot écoute... il n'ose croire à la magnifique promesse. D'où viennent ces voix ?
Il se retourne... Brusquement, dans un flamboiement de lumière, lui apparaît la Muse.
ravissement, il la contemple ; d'un geste éploré, il l'appelle à son secours.
La sœur consolatrice lui tend les mains...
Frémissant, il se redresse. Transfiguré par l'espoir, il se traine vers la Muse accueill
Lentement, avec des arrêts d'extase, il gravit les degrés de l'estrade ; il s'agenouille aux pieds
l'Elue. La Muse souriante le relève.

LA FOULE

Muse ! Muse !
Muse du Bonheur !...
Que ton sourire de bonté
sur nous rayonne,
pure clarté,
où frissonne
l'espoir,
l'éternel espoir
des hommes !

APOTHÉOSE

CHŒUR

Jour d'allégresse
Et jour d'amour,
Fraternelle kermesse !
Tout est rose !
Tout flamboie !
C'est la joie !
L'apothéose !
Oyez ces cris
De tous côtés !
C'est la joie de Paris
Aux pieds de la Beauté !
Riez ! Chantez !
Riez ! Dansez !
Tout est rose !
Tout flamboie !
C'est la joie !
L'apothéose !

DEUXIÈME PARTIE

GLORIFICATION DE MICHELET

Cérémonie reglée par A. ROEDEL

---

stoire et la Poésie entourent le Buste de MICHELET.

ivant, la jeunesse parcourt l'histoire de France dont elle évoque les
ges.

Héros de la Patrie, de Vercingétorix à Louis XI, de Richelieu
n, apparaissent et viennent se ranger en un fond d'apothéose,
quel défileront les délégations.

TROISIÈME PARTIE

DÉFILÉ

ations des Écoles Enfantines, des Écoles Primaires, des Ecoles
naires Supérieures et des Écoles Professionnelles.

ations de l'Union des Instituteurs et Institutrices Publics de la
e.

ations des Étudiants.

ations du Grand Orient de France et des Loges Maçonniques.

ations des Sociétés de Gymnastique.

ations des Sociétés de Tir et d'Instruction Militaire.

ations des Sociétés diverses.

tés Chorales et Instrumentales alternant avec les Délégations.

DEVAMBEZ, GRAV.-IMP.
PASS. PANORAMAS

SALLE DES FÊTES

(1ᵉʳ étage.)

PREMIÈRE PARTIE.

1. *Invitation à la Valse,* de WEBER, orchestrée par . . . . BERLIOZ.

2. *France,* chœur. . . . . A. THOMAS.

3. *Air de Sigurd* . . . . E. REYER.
     M. VAGUET, de l'Opéra.

4. *Mélodies.* . . . . MASSENET.
     Mᵐᵉ CARRÈRE, de l'Opéra.

5. *Ballet de Henri VIII.* . . . . SAINT-SAËNS.
     Orchestre.

6. Danses :

     a. *Gavotte.*
          Mˡˡᵉˢ GALLAY, BEAUVAIS, IXART, MESTAIS, de l'Opéra.

     b. *Sarabande de Zoroastre* . . . . RAMEAU.
          Mˡˡᵉˢ PIODI, S. MANTE, DE MÉRODE, MORLET, de l'Opéra.

     c. *Menuet.* . . . . HAENDEL.
          Mˡˡᵉˢ ZAMBELLI, SANDRINI, BEAUVAIS, IXART, de l'Opéra.

     d. *Pavane de Patrie.* . . . . PALADILHE.
          Mˡˡᵉˢ PIODI, S. MANTE, DE MÉRODE, MORLET.

7. *Marche républicaine.* . . . . AD. ADAM.

     Chœur, Orchestre et Musique de la Garde républicaine.

ENTR'ACTE.

DEUXIÈME PARTIE.

1. *Ouverture de Patrie* .... G. BIZET.

2. *Dans le monde* .... Hugues LE ROUX.

   Un ami commerçant .... GERNY.
   M. RAOUL PAUMIER, de l'Odéon.

3. *Madrigal de Roméo et Juliette* .... GOUNOD.
   M. VAGUET et Mᵐᵉ CARRÈRE, de l'Opéra.

4. *Souvenir de voyage* .... J. CLARETIE.

   La Chanson d'Éviradnus .... Victor HUGO.
   Mˡˡᵉ DU MINIL, de la Comédie-Française.

5. *Ballet du Cid* .... MASSENET.
   Orchestre.

6. Danses :

   a. *Musette et Tambourin* .... RAMEAU.
   Mˡˡᵉˢ GALLAIS, BEAUVAIS, IXART, MESTAIS, de l'Opéra.

   b. *Passe-pied de Castor et Pollux* .... RAMEAU.
   Mˡˡᵉ ZAMBELLI, SANDRINI, de l'Opéra.

   c. *Rigodon de Dardanus* .... RAMEAU.
   Mˡˡᵉˢ GALLAIS, BEAUVAIS, IXART, MESTAIS, de l'Opéra.

7. *Marche du Tannhauser* .... WAGNER.
   Orchestre. — Chœurs.

———

Orchestre de la Société des Concerts, dirigé par M. COLONNE.
Musique de la Garde républicaine, sous la direction de M. G. PARÈS.

Accompagnateur : M. GEORGES MARTY.
Chef des chœurs : M. FOCK.

Sociétés chorales : *Les Enfants de Paris*, M. DELAHAYE, directeur.
Le Choral de Paris, MM. BASLAIRE et AUDONNET, directeurs.

———

Danses réglées par M. HANSEN, de l'Opéra.

———

Piano de la maison PLEYEL-et WOLFF.

Centenaire

de

MICHELET

HOTEL DE VILLE

—✕—

Soirée

du 13 Juillet 1898

—✕—

ORCHESTRE

Dirigé par Mr J. PARÈS

SALLE DES FÊTES

1	1ʳᵉ Polka
2	1ʳᵉ Valse
3	1ᵉʳ Quadrille
4	1ʳᵉ Mazurka
5	2ᵉ Polka
6	2ᵉ Valse
7	1ᵉʳ Lanciers
8	2ᵉ Mazurka
9	Pas de quatre
10	3ᵉ Polka

Orchestre J. PARÈS

11	3ᵉ Valse
12	2ᵉ Quadrille
13	3ᵉ Mazurka
14	Schottisch
15	4ᵉ Valse
16	4ᵉ Polka
17	2ᵉ Lanciers
18	5ᵉ Valse
19	4ᵉ Mazurka
20	Polka farandole

DEVAMBEZ

PASSAGE DES PANORAMAS, À L'ENTRÉE

Dans la salle du rez-de-chaussée, dite *Salle des Prévôts*, eut lieu un agréable concert où se firent entendre : M. Barde, Mlle Philo Durand, MM. Delaur-Debrimont, Mlle B. de Castillon, M. J. Moy, Mlle A. Bonheur, M. Chrétienni, Mlle Rosalba, MM. Dayle et Howey, M. Gabin, Mlle P. Darty, M. Claudius, Mlle E. Fougère, M. Maurel, Mlle A. Verly, M. Perrier, Mme de Sère, Mlle S. Berty.

Dans le salon des Arcades, M. Jacques Parès dirigeait l'orchestre du bal.

Dans tout l'Hôtel de Ville circulait une foule élégante et joyeuse, composée en partie de délégations des grandes Écoles et des Associations d'étudiants.

Cette fête charmante se prolongea bien avant dans la nuit.

III

LA FÊTE POPULAIRE DE MICHELET

ET

LE COURONNEMENT DE LA MUSE.

Le programme élaboré par le Bureau du Conseil municipal sur la proposition de son Syndic comportait, dans l'après-midi du 13 juillet, une fête offerte en plein air à la population parisienne, enchantée de pouvoir, à son tour, saluer sur la place de l'Hôtel-de-Ville l'image fidèle de l'historien de Jeanne d'Arc et de la Révolution.

Cette fête devait être à la fois la glorification de Michelet et celle du travail manuel, poétiquement personnifié par la Muse de Paris, une charmante ouvrière élue par ses compagnes. La Muse, accompagnée de deux autres jeunes filles, élues comme elle par les ouvrières parisiennes dans une réunion tenue à la Bourse du Travail sous la présidence de M. Léopold Bellan, syndic du Conseil municipal, devait couronner le buste de Michelet après l'audition d'une œuvre de M. Gustave Charpentier.

Tout était prêt et, dès le matin, la place de l'Hôtel-de-Ville était pleine de monde. Mais on avait compté sans le mauvais temps : une pluie torrentielle, qui se mit à tomber sans interruption, obligea bien à regret les organisateurs de cette fête originale à la remettre au 24 juillet, jour où elle réussit à souhait.

Nous donnons ci-après le programme de cette fête populaire d'un nouveau genre, ainsi que le scénario de l'apothéose musicale de M. Gustave Charpentier.

ÉLECTION DE LA MUSE

(CLICHÉ MARMAND)

Fête Municipale du Centenaire de Michelet

PLACE DE L'HOTEL-DE-VILLE

Le Dimanche 24 Juillet 1898, à 5 heures

PROGRAMME OFFICIEL

DU

Couronnement de la Muse de Paris

Apothéose musicale de GUSTAVE CHARPENTIER

Phot. Pierre Petit.

La Muse de Paris, Mlle ERNESTINE CUROT

1. MARCHE DES CRIS DE PARIS.
2. LES CRIEURS PUBLICS.
3. BALLET DU PLAISIR.
4. APPARITION DE LA MUSE.
5. COURONNEMENT DE LA MUSE.
6. LA SOUFFRANCE HUMAINE.
7. APOTHÉOSE.

M. GUSTAVE CHARPENTIER

SCÉNARIO

**Marche composée sur les cris
des rues de Paris.
Défilé du cortège de la Muse.**

La Muse de Paris sort de l'Hôtel de Ville et
va s'asseoir sur l'estrade, entourée de ses compagnes. A ses pieds, sur des gradins, s'étagent de
petits miséreux, porteurs de corbeilles fleuries.
A droite et à gauche, se groupe le cortège. De
chaque côté de la scène : le peuple de Paris.

LES CRIEURS PUBLICS

*S'adressant à la foule de droite
puis à la foule de gauche.*

Bonn's gens,

Riches, Indigents

Accourez tous ici !

Venez tous admirer

La Muse de Paris !

C'est une gentille p'tite Ouvrière

Que les Poètes-Rois de misère

Vont sacrer Reine de leur chimère !

Ils saluent la Muse.

En l'honneur de la Muse,

Que la fête commence !

SCÈNE PREMIÈRE
Ballet du Plaisir

✣

SCÈNE SECONDE
Apparition de la Beauté

La Beauté mime le plaisir de s'éterniser dans l'œuvre humaine. Souriante et s'offrant, elle s'avance vers les poètes dont les regards charmés vont, de la Beauté qui est le Rêve à réaliser, à la Muse par qui se peut réaliser le Rêve.

✣

SCÈNE TROISIÈME

LES POÈTES A LA MUSE

O Jolie,
cette danseuse
est une fleur de vie
faite d'un peu de chacun de nous tous.
et cette fleur vivante,
c'est notre âme
sous la forme d'une fleur
qui serait une femme,
fleur-femme,
dont la grâce et le parfum
se traduisent en cadences
de danse,
afin que tes sens
aussi bien que ton âme,
puissent apprécier l'hommage suprême,
dont seules sont dignes les reines !

LA FOULE

Bravo! Bravo !

LE POÈTE, continuant.

Pendant cette scène, la Beauté s'approche de la Muse. Aux petits miséreux, elle prend des roses blanches, en tresse une couronne et la pose sur la tête de l'Elue.

O Jolie !
Sœur choisie !
Harmonie et beauté !
Poème de clarté !
Gente fillette de Paris
en qui rêvent Juliette, Ophélie !
ô Charmante !
Muse clémente !
de tes chevaliers reçois l'hommage.

LA FOULE

Miracle !
Harmonie et Beauté !
Poème de clarté !
Parisienne sculptée
dans de l'éternité !
O Charmante
Muse clémente
Gloire à toi !

SCÈNE QUATRIÈME

La Souffrance Humaine

Sous les traits de Pierrot, s'avance la Souffrance Humaine ; la Foule s'écarte, émue.

Pierrot mime l'éternelle souffrance..., les angoisses de l'humanité prisonnière d'une vie que ses fils ont faite si mauvaise...
Il prend le ciel à témoin de sa misère...
Il implore des hommes un peu de fraternelle pitié... L'égoïsme de la foule heureuse l'incite à la révolte. Il pense aux revanches possibles ; il croit entendre les clameurs des charges justicières, la marche triomphante des Peuples en route pour l'éternel bonheur...
Hélas ! tout se tait... C'était un rêve..., la souffrance ne finira qu'avec l'humanité !
Pierrot tombe, désespéré.
Mais, du faîte de la Maison Commune, des voix annoncent l'avènement de la Muse du Bonheur.

VOIX LOINTAINES

Muse de l'Universel Bonheur !

Pierrot écoute... il n'ose croire à la magnifique promesse. D'où viennent ces voix ?
Il se retourne... Brusquement, dans un flamboiement de lumière, lui apparaît la Muse. Avec ravissement, il la contemple ; d'un geste éploré, il l'appelle à son secours.
La sœur consolatrice lui tend les mains...

LA FOULE		
Muse ! Muse !		pure clarté,
Muse du Bonheur !...		où frissonne
Que ton sourire de bonté		l'espoir,
sur nous rayonne,		l'éternel espoir
		des hommes !

APOTHÉOSE

CHŒUR

Jour d'allégresse		C'est la joie de Paris
Et jour d'amour,		Aux pieds de la Beauté !
Fraternelle kermesse !		Riez ! Chantez !
Tout est rose !		Riez ! Dansez !
Tout flamboie !		Tout est rose !
C'est la joie !		Tout flamboie !
L'apothéose !		C'est la joie !
Oyez ces cris		L'apothéose !
De tous côtés !		

***

La Nouvelle Mode

Publie chaque Semaine

Les Modèles les plus nouveaux

et les conseils les plus pratiques

BUREAUX

5, boulevard
des Capucines

PARIS

✳

Le Numéro : **20** centimes

✳

**Toutes les semaines une
gravure en couleurs par les
premiers artistes.**

FÊTE POPULAIRE

PLACE DE L'HÔTEL-DE-VILLE.

PROGRAMME.

PREMIÈRE PARTIE.

COURONNEMENT DE LA MUSE DE PARIS.

Apothéose musicale de Gustave CHARPENTIER.

1. *MARCHE DES CRIS DE PARIS.*
2. *LES CRIEURS PUBLICS.*
3. *BALLET DU PLAISIR.*
4. *APPARITION DE LA BEAUTÉ.*
5. *COURONNEMENT DE LA MUSE.*
6. *LA SOUFFRANCE HUMAINE.*
7. *APOTHÉOSE.*

PERSONNAGES :

La Beauté	Mlle Blanche MANTE, de l'Opéra.
Pierrot	M. SÉVERIN.
Les Poètes	M. DUFFAUT, de l'Opéra. M. ZOCCHI, de l'Opéra-Comique. MM. THIBAULT, BARRAU, CHEYRAT.
Les Crieurs publics	MM. BALLARD, KARLONI, CARDON, NARÇON.

BALLET DE LA MUSE :

Mlles SOUPLET, HUGON II, ROBIETTE, NEETENS, METZER, YVES, COUDAIRE, FRANÇOIS, GUILLEMIN, GILLET, MARCELLE, de FOLLY, HUGON I, PERRONI, LOUPPE, LINGIER, du corps de ballet de l'Opéra.

Ballet réglé par M. VASQUEZ, de l'Opéra.

Chef répétiteur : M. Paul FAUCHEY, de l'Opéra-Comique.

Répétiteurs : MM. Edmond MISSA, GALLON, FRANCK, BAYER, TERRASSE, MAQUÈRE.

Harpes et Piano de la Maison PLEYEL-WOLF.

Pianharmoniums de la Maison du PARFAIT CLAVIER. — Orgue de la Maison ALEXANDRE.

Costumes de la Muse et de ses compagnes de la Maison WORTH.

SCÉNARIO.

MARCHE COMPOSÉE SUR LES CRIS DES RUES DE PARIS.

DÉFILÉ DU CORTÈGE DE LA MUSE.

La Muse de Paris sort de l'Hôtel de Ville et va s'asseoir sur l'estrade, entourée de ses compagnes. A ses pieds, sur des gradins, s'étagent de petits miséreux, porteurs de corbeilles fleuries. A droite et à gauche, se groupe le cortège. De chaque côté de la scène : le peuple de Paris.

LES CRIEURS PUBLICS.

S'adressant à la foule de droite, puis à la foule de gauche :

Bonn's gens,
Riches, Indigents,
Accourez tous ici !
Venez tous admirer
La Muse de Paris !
C'est un' gentille p'tite Ouvrière
Que les Poètes-rois de misère
Vont sacrer Reine de leur chimère !

Ils saluent la Muse.

En l'honneur de la Muse
Que la Fête commence !

———

SCÈNE PREMIERE.

BALLET DU PLAISIR.

———

SCÈNE II.

APPARITION DE LA BEAUTÉ.

La Beauté mime le plaisir de s'éterniser dans l'œuvre humaine. Souriante et s'offrant, elle s'avance vers les poètes dont les regards charmés vont, de la Beauté qui est le rêve à réaliser, à la Muse par qui se peut réaliser le Rêve.

———

SCÈNE III.

LES POÈTES À LA MUSE.

Ô Jolie,
Cette danseuse
Est une fleur de vie
Faite d'un peu de chacun de nous tous,
Et cette fleur vivante,
C'est notre âme
Sous la forme d'une fleur

Qui serait une femme
Fleur-femme
Dont la grâce et le parfum
Se traduisent en cadences
De danse
Afin que tes sens
Aussi bien que ton âme
Puissent apprécier l'hommage suprême,
Dont seules sont dignes les reines !

LA FOULE.

Bravo ! Bravo !

LE POÈTE (*continuant*).

Pendant cette scène, la Beauté s'approche de la Muse. Aux petits miséreux elle prend des roses blanches,
en tresse une couronne et la pose sur la tête de l'Élue.

Ô Jolie !
Sœur choisie !
Harmonie et beauté !
Poème de clarté !

Gente fillette de Paris
En qui rêvent Juliette, Ophélie !
Ô Charmante !
Muse clémente !
De tes chevaliers reçois l'hommage.

LA FOULE.

Miracle !
Harmonie et Beauté !
Poème de clarté !
Parisienne sculptée
Dans de l'éternité !
Ô Charmante !
Muse clémente !
Gloire à toi !

———

SCÈNE IV.

LA SOUFFRANCE HUMAINE.

Sous les traits de Pierrot s'avance la Souffrance humaine ; la Foule s'écarte, emue.

Pierrot mime l'eternelle souffrance..., les angoisses de l'humanité prisonnière d'une vie que ses fils ont faite si mauvaise... Il
prend le ciel à témoin de sa misère. Il implore des hommes un peu de fraternelle pitié. L'égoïsme de la foule heureuse l'incite
à la révolte. Il pense aux revanches possibles ; il croit entendre les clameurs des charges justicières, la marche triomphante
des Peuples en route pour l'éternel bonheur... Hélas ! tout se tait... C'était un rêve..., la souffrance ne finira qu'avec
l'humanité ! Pierrot tombe, désespéré. Mais, du faîte de la Maison Commune, des voix annoncent l'avènement de la Muse
du Bonheur.

VOIX LOINTAINES.

Muse de l'Universel Bonheur !

Pierrot écoute... il n'ose croire à la magnifique promesse. D'où viennent ces voix. Il se retourne... Brusquement, dans un flamboiement de lumière, lui apparaît la Muse. Avec ravissement, il la contemple d'un geste éploré, il l'annetie à son secours. La sœur consolatrice lui tend les mains... Frémissant, il se redresse. Transfiguré par l'espoir, il se traîne vers la Muse accueillante. Lentement, avec des arrêts d'extase, il gravit les degrés de l'estrade ; il s'agenouille aux pieds de l'Élue. La Muse souriante le relève.

LA FOULE.

Muse ! Muse !
Muse du Bonheur !...
Que ton sourire de bonté
Sur nous rayonne,
Pure clarté,
Où frissonne
L'espoir,
L'éternel espoir
Des hommes !

APOTHÉOSE.

CHŒUR.

Jour d'allégresse
Et jour d'amour,
Fraternelle kermesse !
Tout est rose !
Tout flamboie !
C'est la joie !
L'apothéose !
Oyez ces cris
De tous côtés !
C'est la joie de Paris
Aux pieds de la Beauté !
Riez ! Chantez !
Riez ! Dansez !
Tout est rose !
Tout flamboie !
C'est la joie !
L'apothéose !

DEUXIÈME PARTIE.

GLORIFICATION DE MICHELET.

—————

CÉRÉMONIE RÉGLÉE PAR A. RŒDEL.

L'Histoire et la Poésie entourent le Buste de MICHELET.

En avant, la Jeunesse parcourt l'Histoire de France dont elle évoque les personnages.

Les Héros de la Patrie, de Vercingétorix à Louis XI, de Richelieu à Danton, apparaissent et viennent se ranger en un fond d'apothéose, devant lequel défileront les délégations.

—————

TROISIÈME PARTIE.

—————

DÉFILÉ.

1. Délégations des Écoles enfantines, des Écoles primaires, des Écoles primaires supérieures et des Écoles professionnelles.

2. Délégations de l'Union des Instituteurs et Institutrices publics de la Seine.

3. Délégations des Étudiants.

4. Délégations du Grand Orient de France et des Loges maçonniques.

5. Délégations des Sociétés de gymnastique.

6. Délégations des Sociétés de tir et d'instruction militaire.

7. Délégations de diverses Sociétés.

8. Sociétés chorales et instrumentales alternant avec les délégations.

Une vaste estrade avait été dressée au centre de la façade de l'Hôtel de Ville. Sur une grande draperie descendant du premier étage ressortait le buste de Michelet, œuvre du sculpteur Bourdelle.

Mme Michelet assistait à cette cérémonie.

La foule emplissait la place de l'Hôtel-de-Ville, débordant sur les avenues, les rues et les ponts.

Le service d'ordre était fait par des gardes de Paris à cheval et à pied; de nombreux agents de police assuraient le dégagement de l'estrade et de l'orchestre ainsi que des fauteuils, des chaises et des bancs réservés aux invités.

Sur l'un de ces fauteuils, Mme Michelet avait pris place, ayant à sa droite M. Navarre, président du Conseil municipal, et M. Charles Blanc, préfet de police; à sa gauche, M. de Selves, préfet de la Seine, et M. Léopold Bellan, syndic.

La salle des Gardes était transformée en foyer de théâtre. Et pendant qu'au dehors la foule se tasse, grimpe sur les toits de toutes les maisons voisines, les artistes qui doivent figurer l'Histoire de France, les dames du corps de ballet se costument.

La Muse et ses compagnes, habillées par M. Worth, qui leur offrit gracieusement leurs robes, arrivent en landau, parées avec une simplicité et un goût qui, sans effort, font valoir la beauté de ces modestes ouvrières de Paris, naturellement charmantes.

La Muse avait un costume gros grain gris-perle rayé satin blanc, jupe unie, corsage drapé, le milieu en guipure sur fond satin rose, un bouquet de roses noisette sur le côté du corsage, un tablier de taffetas rose entouré d'un quadrillé gris et noir; sur le côté, une paire de ciseaux retenue par un flot de rubans de moire noire.

LE BUSTE DE MICHELET

(PAR BOURDELLE)

LE BUSTE DE MICHELET

(PAR BOURDELLE)

LA MUSE ET SES COMPAGNES

(CLICHÉ DE L'ILLUSTRÉ SOLEIL DU DIMANCHE)

La toilette des demoiselles d'honneur se composait d'une jupe de drap beige, d'un corsage pékin soie beige et blanc, le haut du corsage formant empiècemént, le corsage boutonné sur le côté avec pattes, et d'un tablier de taffetas ciel entouré d'un quadrillé blanc et noir; la paire de ciseaux sur le côté était retenue par un ruban de moire noire.

Sur l'unique estrade se rangent les électrices de la Muse. Elles forment de chaque côté de la petite scène drapée de rouge, sur le fond de laquelle se détache le buste de Michelet, deux corbeilles, ravissantes pour les yeux, dans un cadre de verdure qui sied à merveille à leur jeune beauté. La rumeur de la foule s'éteint dès que M. Gustave Charpentier monte au pupitre de chef d'orchestre; l'auteur de la symphonie va diriger les huit cents musiciens, chanteurs et choristes réunis pour l'exécution de son œuvre.

L'orchestre prélude et la partition se déroule maintenant en plein air, dans ce théâtre unique de la rue dont elle reflète l'âme, reproduisant ses appels de petits marchands, de chiffonniers, de charbonniers, de rempailleurs de chaises. Le son s'élève ensuite en exquises harmonies; après le ballet spirituel « du Plaisir », les cloches se répondent, rappelant les appels religieux du matin et du soir que se font les cloches de la grande ville; puis, comme l'a dit un artiste jugeant le poème symphonique de son confrère, les amples et vibrantes phrases instrumentales et chorales; les développements pittoresques, le caractère de rude franchise et, en même temps, de robuste tendresse; sa péroraison, d'une envolée triomphale, tout cela est animé d'un souffle superbement populaire.

Mais la Muse a déposé sa couronne et l'a jetée comme hommage parmi les autres fleurs devant le buste de celui dont on fêtait le centenaire; ce geste gracieux est imité par ses compagnes.

Le poème musical est achevé.

La foule applaudit vigoureusement, puis le défilé commence, très nombreux, s'ouvrant par les petits enfants des écoles, suivis par les étudiants et par les sociétés qui marchent précédées de leurs bannières. Ce défilé a duré jusqu'à près de 7 heures du soir; le public s'est ensuite écoulé lentement.

Et c'est ainsi que prit fin cette charmante fête à la fois populaire et artistique qui clôtura la célébration du centenaire de Michelet.

COURONNEMENT DU BUSTE DE MICHELET

(CLICHÉ MARMAND)

LISTE DE MM. LES MEMBRES

DU

CONSEIL MUNICIPAL DE PARIS

PAR ORDRE D'ARRONDISSEMENTS ET DE QUARTIERS.

IER ARRONDISSEMENT.

QUARTIER SAINT-GERMAIN-L'AUXERROIS.

MM. Edmond GIBERT, ancien négociant, quai de la Mégisserie, 8.

QUARTIER DES HALLES.

Alfred LAMOUROUX, docteur en médecine, rue de Rivoli, 150.

QUARTIER DU PALAIS-ROYAL.

Alexis MUZET, ancien négociant, rue des Pyramides, 3.

QUARTIER DE LA PLACE-VENDÔME.

DESPATYS, ancien magistrat, place Vendôme, 22.

IIE ARRONDISSEMENT.

QUARTIER GAILLON.

M. BLACHETTE, représentant de commerce, rue Saint-Augustin, 33.

QUARTIER VIVIENNE.

MM. Caron, avocat, ancien agréé, rue Saint-Lazare, 80.

QUARTIER DU MAIL.

Léopold Bellan, négociant, rue des Jeûneurs, 30.

QUARTIER BONNE-NOUVELLE.

Rebeillard, joaillier-sertisseur, rue Grenéta, 54.

IIIe ARRONDISSEMENT.

QUARTIER DES ARTS-ET-MÉTIERS.

MM. Blondel, avocat, boulevard Beaumarchais, 93.

QUARTIER DES ENFANTS-ROUGES.

Louis Lucipia, publiciste, rue Béranger, 15.

QUARTIER DES ARCHIVES.

L. Achille, négociant, rue du Temple, 178.

QUARTIER SAINTE-AVOYE.

Puech, avocat à la Cour d'appel, boulevard de Sébastopol, 104.

IVe ARRONDISSEMENT.

QUARTIER SAINT-MERRI.

M. Opportun, ancien commerçant, rue des Archives, 13.

QUARTIER SAINT-GERVAIS.

MM. Piperaud, ancien chef d'institution, rue du Roi-de-Sicile, 10.

QUARTIER DE L'ARSENAL.

Charles Vaudet, homme de lettres, boulevard Morland, 14 *bis*.

QUARTIER NOTRE-DAME.

Ruel, propriétaire, rue de Rivoli, 54.

Ve ARRONDISSEMENT.

QUARTIER SAINT-VICTOR.

MM. Sauton, architecte, rue Soufflot, 24.

QUARTIER DU JARDIN-DES-PLANTES.

N.....

QUARTIER DU VAL-DE-GRÂCE.

Lampué, propriétaire, boulevard de Port-Royal, 72.

QUARTIER DE LA SORBONNE.

André Lefèvre, chimiste, rue de l'École-Polytechnique, 14.

VIe ARRONDISSEMENT.

QUARTIER DE LA MONNAIE.

M. N.....

QUARTIER DE L'ODÉON.

MM. Alpy, docteur en droit, avocat à la Cour d'appel, rue Bonaparte, 68.

QUARTIER NOTRE-DAME-DES-CHAMPS.

Deville, avocat à la Cour d'appel, rue du Regard, 12.

QUARTIER SAINT-GERMAIN-DES-PRÉS.

Prache, avocat à la Cour d'appel, rue Bonaparte, 30.

VIIe ARRONDISSEMENT.

QUARTIER SAINT-THOMAS-D'AQUIN.

MM. Ambroise Rendu, docteur en droit, avocat à la Cour d'appel, rue de Lille, 36.

QUARTIER DES INVALIDES.

Roger Lambelin, publiciste, rue Saint-Dominique, 30.

QUARTIER DE L'ÉCOLE-MILITAIRE.

Lerolle, avocat à la Cour d'appel, avenue de Villars, 10.

QUARTIER DU GROS-CAILLOU.

Arsène Lupin, publiciste, quai d'Orsay, 105.

VIIIe ARRONDISSEMENT.

QUARTIER DES CHAMPS-ÉLYSÉES.

M. Quentin-Bauchart, avocat et homme de lettres, rue François Ier, 31.

QUARTIER DU FAUBOURG-DU-ROULE.

MM. Chassaigne-Goyon, docteur en droit, avocat, rue La Boétie, 100.

QUARTIER DE LA MADELEINE.

Froment-Meurice, orfèvre, rue d'Anjou, 46.

QUARTIER DE L'EUROPE.

Louis Mill, avocat à la Cour d'appel, rue de Monceau, 83.

IXᴱ ARRONDISSEMENT.

QUARTIER SAINT-GEORGES.

MM. Paul Escudier, avocat à la Cour d'appel, rue Moncey, 20.

QUARTIER DE LA CHAUSSÉE-D'ANTIN.

Max Vincent, avocat à la Cour d'appel, rue de la Victoire, 58.

QUARTIER DU FAUBOURG-MONTMARTRE.

Cornet, ancien négociant, rue de Trévise, 6.

QUARTIER ROCHECHOUART.

Félicien Paris, avocat à la Cour d'appel, rue Baudin, 31.

Xᴱ ARRONDISSEMENT.

QUARTIER SAINT-VINCENT-DE-PAUL.

MM. Georges Villain, publiciste, rue de Maubeuge, 81.

QUARTIER DE LA PORTE-SAINT-DENIS.

Hattat, négociant, rue de l'Aqueduc, 21.

QUARTIER DE LA PORTE-SAINT-MARTIN.

MM. Thuillier, entrepreneur de plomberie, rue de Paradis, 20.

QUARTIER DE L'HÔPITAL SAINT-LOUIS.

Faillet, comptable, boulevard de la Villette, 19.

XIᵉ ARRONDISSEMENT.

QUARTIER DE LA FOLIE-MÉRICOURT.

MM. Parisse, ingénieur des arts et manufactures, rue Fontaine-au-Roi, 49.

QUARTIER SAINT-AMBROISE.

Levraud, docteur en médecine, boulevard Voltaire, 98.

QUARTIER DE LA ROQUETTE.

Forest, médecin-vétérinaire, avenue Parmentier, 6.

QUARTIER SAINTE-MARGUERITE.

Chausse, ébéniste, avenue Philippe-Auguste, 64.

XIIᵉ ARRONDISSEMENT.

QUARTIER DU BEL-AIR.

MM. Marsoulan, fabricant de papiers peints, rue de Paris, 90 (Charenton).

QUARTIER DE PICPUS.

John Labusquière, publiciste, rue de Rivoli, 4.

QUARTIER DE BERCY.

MM. Colly, imprimeur, rue Baulant, 11.

QUARTIER DES QUINZE-VINGTS.

Pierre Baudin, avocat à la Cour d'appel, avenue Ledru-Rollin, 83.

XIIIᴱ ARRONDISSEMENT.

QUARTIER DE LA SALPÊTRIÈRE.

MM. Paul Bernard, avocat à la Cour d'appel, rue Lebrun, 3.

QUARTIER DE LA GARE.

Navarre, docteur en médecine, avenue des Gobelins, 30.

QUARTIER DE LA MAISON-BLANCHE.

Henri Rousselle, commissionnaire en vins, rue Humboldt, 25.

QUARTIER CROULEBARBE.

Alfred Moreau, corroyeur, boulevard Arago, 38.

XIVᴱ ARRONDISSEMENT.

QUARTIER DU MONTPARNASSE.

MM. Ranson, représentant de commerce, rue Froidevaux, 6.

QUARTIER DE LA SANTÉ.

Dubois, docteur en médecine, avenue du Maine, 165-167.

QUARTIER DU PETIT-MONTROUGE.

Champoudry, géomètre, rue Sarette, 25.

QUARTIER DE PLAISANCE.

M. Georges Girou, comptable, rue des Plantes, 42.

———

XVᵉ ARRONDISSEMENT.

—

QUARTIER SAINT-LAMBERT.

MM. Chérioux, entrepreneur de maçonnerie, rue de l'Abbé-Groult, 107.

QUARTIER NECKER.

Bassinet, entrepreneur, rue de Vouillé, 47.

QUARTIER DE GRENELLE.

Ernest Moreau, forgeron, rue du Théâtre, 150.

QUARTIER DE JAVEL.

Daniel, modeleur-mécanicien, rue Saint-Charles, 143.

———

XVIᵉ ARRONDISSEMENT.

—

QUARTIER D'AUTEUIL.

MM. Le Breton, ingénieur, rue Chardon-Lagache, 47.

QUARTIER DE LA MUETTE.

N . . . . .

QUARTIER DE LA PORTE-DAUPHINE.

Gay, publiciste, rue de la Faisanderie, 26.

QUARTIER DE CHAILLOT.

M. Astier, pharmacien, avenue Kléber, 72.

XVIIe ARRONDISSEMENT.

QUARTIER DES TERNES.

MM. Paul Viguier, publiciste, avenue Carnot, 9.

QUARTIER DE LA PLAINE-MONCEAU.

Bompard, docteur en droit, rue de Prony, 65.

QUARTIER DES BATIGNOLLES.

Clairin, avocat à la Cour d'appel, rue de Rome, 133.

QUARTIER DES ÉPINETTES.

Paul Brousse, docteur en médecine, avenue de Clichy, 81.

XVIIIe ARRONDISSEMENT.

QUARTIER DES GRANDES-CARRIÈRES.

MM. Adrien Veber, avocat à la Cour d'appel, rue Lepic, 53.

QUARTIER DE CLIGNANCOURT.

N.....

QUARTIER DE LA GOUTTE-D'OR.

Breuillé, correcteur d'imprimerie, rue Stephenson, 45.

QUARTIER DE LA CHAPELLE.

Blondeau, charron, rue de la Chapelle, 112.

XIXe ARRONDISSEMENT.

QUARTIER DE LA VILLETTE.

MM. Vorbe, fondeur, rue Armand-Carrel, 1.

QUARTIER DU PONT-DE-FLANDRE.

Brard, employé, rue de l'Ourcq, 68.

QUARTIER D'AMÉRIQUE.

Charles Bos, publiciste, rue des Mignottes, 6.

QUARTIER DU COMBAT.

Grébeauval, homme de lettres, rue de la Villette, 47.

XXe ARRONDISSEMENT.

QUARTIER DE BELLEVILLE.

MM. Berthaut, facteur de pianos, rue des Couronnes, 122.

QUARTIER SAINT-FARGEAU.

Archain, correcteur typographe, rue Pelleport, 165.

QUARTIER DU PÈRE-LACHAISE.

Landrin, ciseleur, rue des Prairies, 81.

QUARTIER DE CHARONNE.

Patenne, graveur, rue des Pyrénées, 89.

9 782014 437157